Excel 财务数据合并与分析建模案例视频精讲
本书精彩案例欣赏

▲ 各季度流动负债及非流动负债   ▲ 各季度流动负债结构

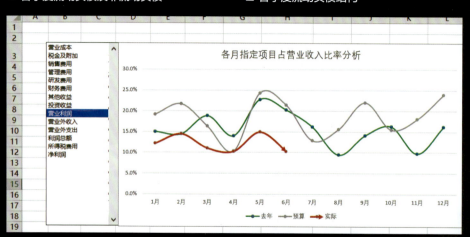

▲ 各月指定项目占营业收入比率的分析图

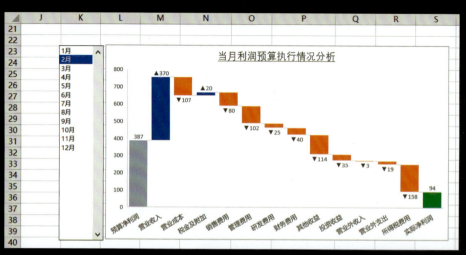

▲ 分析指定月份（2月）净利润的影响因素

Excel 财务数据合并与分析建模案例视频精讲

本书精彩案例欣赏

▲ 设置合计行的格式 ▲ 累计利润完成情况分析

▲ 累计净利润两年增长情况及影响因素

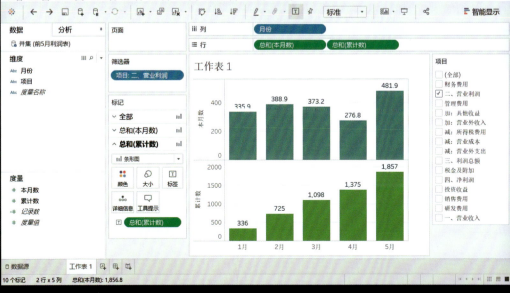

▲ 各月营业利润跟踪分析

Excel 财务数据合并与分析建模案例视频精讲
本书精彩案例欣赏

▲ 各季度流动负债及非流动负债

▲ 各季度流动负债结构

▲ 各月指定项目占营业收入比率的分析图

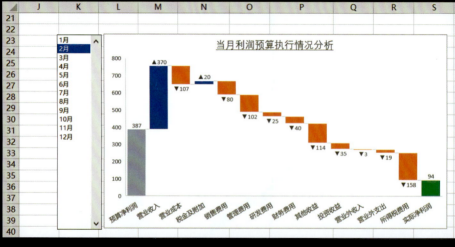

▲ 分析指定月份（2月）净利润的影响因素

Excel
财务数据合并与分析建模
案例视频精讲

韩小良 ◎ 著

清华大学出版社
北京

内 容 简 介

对财务人员来说,每天都要面对大量的表格数据,做着重复的复制粘贴、公式引用等操作,效率低下。由于财务表格有相对标准化的结构,因此,这样的合并汇总以及分析,其实完全可以做成自动化数据合并与分析模型。本书结合大量来自企业一线的实际案例,介绍财务数据合并与自动化分析建模的实用工具、方法和技能技巧,包括 Excel VBA、Power Query、Tableau 等工具。书中的每个案例均配有详细操作视频,帮助读者快速学习并掌握这些工具,尤其是数据合并与分析的逻辑思路。

本书适合企业财务人员及相关管理人员阅读,也可以作为大中专院校管理专业的学生阅读。

本书封面贴有清华大学出版社防伪标签,无标签者不得销售。

版权所有,侵权必究。举报: 010-62782989,beiqinquan@tup.tsinghua.edu.cn。

图书在版编目(CIP)数据

Excel 财务数据合并与分析建模案例视频精讲 / 韩小良著. —北京: 清华大学出版社, 2023.4
 ISBN 978-7-302-62863-7

Ⅰ.①E… Ⅱ.①韩… Ⅲ.①表处理软件 – 应用 – 财务管理 Ⅳ.① F275-39

中国国家版本馆 CIP 数据核字 (2023) 第 036395 号

责任编辑: 袁金敏
封面设计: 杨纳纳
责任校对: 胡伟民
责任印制: 杨 艳

出版发行: 清华大学出版社
    网 址: http://www.tup.com.cn, http://www.wqbook.com
    地 址: 北京清华大学学研大厦 A 座 邮 编: 100084
    社 总 机: 010-83470000 邮 购: 010-62786544
    投稿与读者服务: 010-62776969, c-service@tup.tsinghua.edu.cn
    质 量 反 馈: 010-62772015, zhiliang@tup.tsinghua.edu.cn
印 装 者: 小森印刷霸州有限公司
经 销: 全国新华书店
开 本: 170mm×240mm 印 张: 15.5 彩 插: 1 字 数: 380 千字
版 次: 2023 年 4 月第 1 版 印 次: 2023 年 4 月第 1 次印刷
定 价: 79.00 元

产品编号: 098834-01

前言

　　不仅仅是财务人员，几乎所有的部门，都会面临一项烦琐的工作：如何快速高效地将大量工作表数据合并，并整理为标准规范的分析底稿。

　　工作中见多了这样的合并方法：一个一个工作簿打开，一个一个工作表切换，一个一个复制粘贴，辛苦了几小时，突然发现粘贴错了，一怒之下，删除数据，重头再来。

　　在给企业做咨询的过程中，时常会有企业人员来咨询问题：如何把每个月30张生产日报表数据汇总起来？以前我们都是手动扒拉数据，复制粘贴，有没有更好用的方法？

　　如果表单很规范，数据合并汇总并不是一件难事，即使表单不规范，但只要有一定的规律，合并汇总也是容易的。不论何种表单，也不论何种数据来源，只要你掌握一定的工具和方法，就能快速解决表单合并汇总问题。

　　本书共7章，从实用出发，结合大量的实际案例，介绍如何利用Excel基本工具、Excel函数公式、Excel数据透视表、Excel VBA、Power Query及Tableau工具快速高效合并汇总数据。为方便读者学习与掌握这些工具和技能技巧，每个案例都录制了相应的操作视频，手机扫描书中的二维码即可观看，让你快速掌握，迅速应用，从数据苦海中解脱出来。本书不仅介绍数据合并汇总的方法和技能技巧，还结合实际案例，介绍如何创建高效数据分析模型，一键刷新分析报告。

　　学习贵在持之以恒，同时还要不断总结和提升。

　　祝愿各位从事财务工作的朋友，工作愉快，学习快乐，每天都有进步。

作者
2023年1月

📝 读书笔记

目录

第1章 门店经营分析实例 01
- 1.1 数据来源于哪里 02
- 1.2 我们需要着手解决什么问题 02
- 1.3 哪些工具可以帮助我们实现目标 03
- 1.4 数据合并与建模的主要步骤 03

第2章 财务数据合并汇总的一般方法 07
- 2.1 特殊结构表格的合并 08
  - 2.1.1 结构完全相同的特殊表格：当前工作簿内的多个工作表 08
  - 2.1.2 结构完全相同的特殊表格：不同工作簿内的工作表 16
  - 2.1.3 结构不完全相同的特殊表格 20
- 2.2 一维表格的合并汇总 21
  - 2.2.1 汇总全部字段全部数据：基本方法 21
  - 2.2.2 汇总全部字段满足条件的部分数据 25
  - 2.2.3 汇总部分字段全部数据 26
  - 2.2.4 汇总部分字段满足条件的数据 28
  - 2.2.5 在汇总表自动添加新字段 29
  - 2.2.6 特别重要的几个注意事项 30
  - 2.2.7 数据刷新 30
  - 2.2.8 直接创建基于多个工作表数据的合并与分析模型 31
- 2.3 二维结构表格的合并汇总 31
  - 2.3.1 简单的加总汇总 31
  - 2.3.2 一个页字段区分的合并汇总 34
  - 2.3.3 多个页字段区分的合并汇总 35
  - 2.3.4 从汇总表再得到一维表 37

2.4 关联表格的合并汇总 38
2.4.1 使用查找函数进行关联合并汇总 38
2.4.2 使用汇总函数进行关联合并汇总 39
2.5 重要数据合并汇总的函数方法 40
2.5.1 使用查找引用函数汇总工作表 41
2.5.2 使用分类汇总函数汇总工作表 46

第 3 章　财务数据合并的 Power Query 方法 48

3.1 当前工作簿内的多个一维工作表汇总 49
3.1.1 合并汇总当前工作簿内的多个一维工作表：列结构完全相同 49
3.1.2 合并汇总当前工作簿内的多个一维工作表：列结构不相同 54
3.1.3 将当前工作簿内的多个一维工作表合并为二维工作表 61
3.2 当前工作簿内的多个二维工作表汇总 64
3.2.1 合并汇总当前工作簿内的多个二维工作表：列结构完全相同 64
3.2.2 合并汇总当前工作簿内的多个二维工作表：列结构不相同 65
3.2.3 将多个二维工作表合并为一维工作表 67
3.3 特殊情况下的工作表汇总 70
3.3.1 合并汇总当前工作簿内指定的几个工作表 70
3.3.2 合并汇总当前工作簿内的多个关联工作表 72
3.3.3 工作簿内工作表个数不定的情况 78
3.3.4 有合并单元格标题的情况工作表处理 82
3.3.5 在不打开工作簿的情况下进行汇总 91
3.4 多个工作簿内的多个工作表汇总 91
3.4.1 每个工作簿只有一个工作表的情况 91
3.4.2 每个工作簿有多个工作表的情况 95
3.4.3 汇总文件夹内指定类型的工作簿 102
3.4.4 工作簿保存在不同文件夹的情况 103
3.5 汇总数据导出方式 103
3.5.1 导出为 Excel 表 103
3.5.2 导出为仅连接 103
3.5.3 添加到数据模型 104

第 4 章 财务数据合并的 Excel VBA 方法 105

4.1 需要了解和掌握的 Excel VBA 基本知识 106
4.1.1 VBA 代码保存位置 106
4.1.2 有 VBA 代码的工作簿保存 106
4.1.3 程序基本结构 107
4.1.4 定义变量 108
4.1.5 循环语句 110
4.1.6 判断语句 111
4.1.7 语句书写的几个技巧 113
4.1.8 操作工作簿 114
4.1.9 操作工作表 116
4.1.10 操作单元格 118
4.1.11 获取指定文件夹里的文件 121

4.2 汇总当前工作簿的工作表数据 122
4.2.1 汇总当前工作簿的指定工作表的所有数据 122
4.2.2 汇总当前工作簿的指定工作表的满足条件的数据 124
4.2.3 当前工作簿内特殊结构工作表的汇总 126
4.2.4 汇总工作簿中指定类型的工作表 129

4.3 汇总多个工作簿的指定工作表数据 130
4.3.1 每个工作簿只有一个工作表 130
4.3.2 每个工作簿有多个工作表 133
4.3.3 工作簿保存在不同文件夹中的情况 134

第 5 章 财务数据合并的 Tableau 方法 137

5.1 关于并集和关联 138
5.2 并集合并：一个 Excel 工作簿内多个工作表 138
5.2.1 创建并集的基本方法 138
5.2.2 合并一个工作簿内的全部工作表：列数、列顺序一样 143
5.2.3 合并一个工作簿内的全部工作表：列数一样，但列顺序不一样 143
5.2.4 合并一个工作簿内的全部工作表：列数和列顺序不一样 144
5.2.5 合并一个工作簿中的部分特定工作表 145
5.2.6 合并一个工作簿中除特定工作表外的其他工作表 147

		5.2.7	向已有的并集中追加新表	148
		5.2.8	移除并集中不需要的表	151
5.3	并集合并：多个 Excel 工作簿			152
		5.3.1	同一个文件夹里的所有工作簿	152
		5.3.2	同一个文件夹里的部分工作簿	154
		5.3.3	不同文件夹里的所有工作簿	156
		5.3.4	不同文件夹里的部分工作簿	159
		5.3.5	文件夹里的部分工作簿的部分工作表	160
5.4	关联合并：一个 Excel 工作簿内的多个工作表			160
		5.4.1	内部连接	160
		5.4.2	左侧连接	163
		5.4.3	右侧连接	166
		5.4.4	完全外部连接	167
		5.4.5	多字段连接	168
		5.4.6	多表不同字段的连接与整合	171
		5.4.7	不同数据来源的表连接合并	174
		5.4.8	编辑连接	176
5.5	从 PDF 文件采集数据			176
		5.5.1	一个简单的 PDF 表格文件	176
		5.5.2	从 PDF 报告中提取表格数据	180
		5.5.3	从 PDF 报告中合并表格数据	181

第 6 章　财务分析建模：财务报表分析 185

6.1	利润分析		186
	6.1.1	分析累计利润预算完成情况	187
	6.1.2	跟踪分析各月的预算完成情况	190
	6.1.3	分析某个月的预算完成情况	191
	6.1.4	分析某季度的预算完成情况	194
	6.1.5	两年同比增长情况分析	195
	6.1.6	损益项目结构分析	197
	6.1.7	单项分析	201
6.2	资产与负债分析		202
	6.2.1	资产变化及结构分析	203

  6.2.2　负债变化及结构分析 205
  6.2.3　分析应收项目与应付项目的关联与变化 206
  6.2.4　应收账款与存货的对比与变化分析 207
  6.2.5　重点项目的比率分析 208
6.3　现金流量分析 211
  6.3.1　现金流量变化跟踪分析 212
  6.3.2　现金流入与流出项目变化跟踪分析 212
  6.3.3　其他现金流入与流出项目变化跟踪分析 213
  6.3.4　现金流量净额跟踪分析 214
6.4　三大报表关联分析 215
  6.4.1　收入与现金的对比分析 215
  6.4.2　支出与现金的对比分析 216
  6.4.3　收入、应收和存货的对比分析 217
  6.4.4　财务指标预警 217

第 7 章　财务分析建模：综合应用案例 219

7.1　以 Excel 为工具的数据分析建模 220
  7.1.1　各门店的累计销售排名分析 220
  7.1.2　指定门店的累计销售结构分析 221
  7.1.3　指定门店的日销售趋势分析 223
  7.1.4　各门店各类别销售毛利率对比分析 224
7.2　以 Power Query 为工具的数据分析建模 225
  7.2.1　构建数据合并模型 225
  7.2.2　创建 Power Pivot 226
  7.2.3　设计分析报告 228
7.3　以 Tableau 为工具的数据分析建模 229
  7.3.1　建立数据连接，合并整理数据 229
  7.3.2　制作可视化图表 233

✐ 读书笔记

第1章

门店经营分析实例

财务分析,并不是每月底合并几个表格、计算几个指标这样重复烦琐的工作,而是要实现对每天、每月、每季度,甚至每年数据的跟踪分析,这就要求我们尽可能构建一键刷新的、能够实现自动汇总与跟踪的动态数据分析模型,要实现这样的目的,就不是仅仅会几个技巧、几个函数所能实现的了。

1.1 数据来源于哪里

图 1-1 是某企业 2021 年 8 月份各门店的销售日报表，记录每日的门店销售汇总数据，目前已经记录到了 16 日。从本质上来说，这个并不是一个真正的基础数据表单，而是一个整理加工后的日报表而已。

图 1-1　门店日报表

1.2 我们需要着手解决什么问题

既然每天收到的是这样的表格，我们的任务肯定是要将每天的数据进行汇总，并跟踪分析每个门店、每个类别商品的销售情况。不过，在汇总分析之前，我们需要先对下面的问题进行思考：

（1）如何自动汇总每天的数据？
（2）如果每个月一个 Excel 文档，如何自动对这些工作簿进行汇总？
（3）汇总的目的是什么？仅仅是为汇总而汇总吗？
（4）如果要分析门店经营情况，哪些方面需要我们去重点关注并自动跟踪？
（5）如何对数据分析结果进行可视化处理？
……

这些问题总结起来，无非就是下面两个最基本的问题：

（1）如何建立一个自动化汇总分析底稿？
（2）如何建立一个一键刷新的自动化数据分析报告？

1.3 哪些工具可以帮助我们实现目标

不论是数据合并汇总，还是数据统计分析，我们可以使用的工具有很多，根据实际情况，选择一个最简单、最高效的工具即可。

例如，Excel 就给我们提供了很多实用的数据统计分析工具：函数、数据透视表、图表、Power Query、Power Pivot、VBA 等。

在数据可视化方面，我们可以选择使用 Power BI、Tableau、Python 等。

对常规的数据统计分析，Excel 工具就足够了，用户可以根据具体需求，构建灵活的数据分析模板。

对自动化数据分析建模，联合使用 Excel、Power Query 及 Power Pivot，则是一个最佳的解决方案。

对数据采集与合并，并自动进行可视化分析，则 Power BI 和 Tableau 是很好的工具，尤其是 Tableau，没有艰涩的数据模型概念和难懂的 DAX 函数，仅需拖放字段即可创建各种数据分析仪表板。

1.4 数据合并与建模的主要步骤

数据合并，具体使用何种方法，主要看数据的来源与结构。

对于图 1-1 所示的每天的日报表（注意有合并单元格标题），使用 Power Query 是最简单高效的，不仅仅快速合并数据；同时也将这样的不规范表单整理成规范的分析底稿。

首先讲解如何汇总当前工作簿中每天的数据（也就是每个工作表数据），并能实现新数据自动添加到汇总表中。

执行"数据"→"新建查询"→"从文件"→"从工作簿"命令，选择数据源文件，然后按照向导操作，进入 Power Query 编辑器，如图 1-2 所示。

图 1-2　Power Query 编辑器

删除不需要的列,展开 Data,得到如图 1-3 所示的每天数据的汇总。

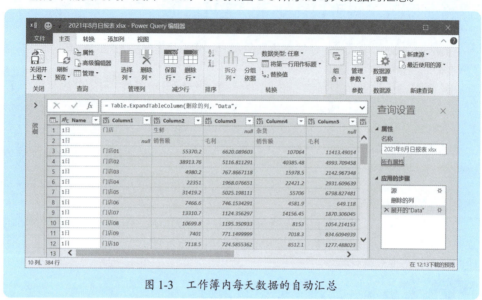

图 1-3　工作簿内每天数据的自动汇总

一般来说,这种汇总并不复杂,在很多书中有过介绍,在本书后面的相关案例中,也会结合实际案例做详细介绍。不过,这样的汇总结果并不是我们需要的结果,因此,就进入了下一步:**数据清洗和整理加工。**

数据清洗和整理加工可以使用 Power Query 的很多工具,例如转置、拆分列、透视列、逆透视列、自定义列、填充等,目的是让原始数据变为能够进行数据分析、构建自动化数据分析的底稿(数据模型)。图 1-4 是最终整理的分析底稿,是一个标准规范的一维数据表单。

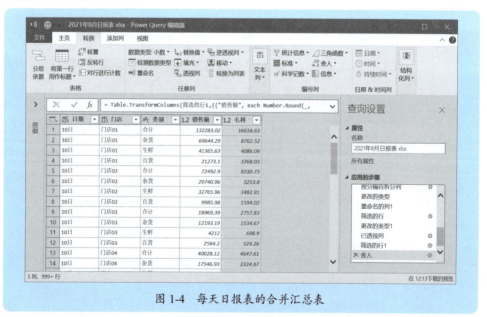

图 1-4　每天日报表的合并汇总表

由于我们的目标是构建一个自动化数据分析模板,因此不能将合并表直接导入 Excel,而是要添加到数据模型,如图 1-5 所示,以便能够使用 Power Pivot 创建数据透视表。

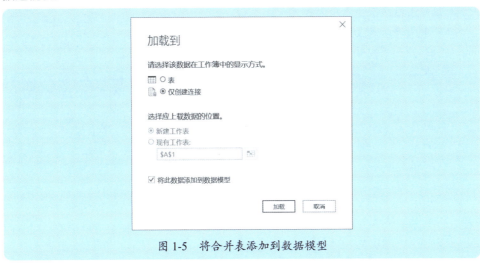

图 1-5 将合并表添加到数据模型

最后使用 Power Pivot 创建数据透视表,构建一键刷新的数据分析仪表板,对数据进行灵活分析,图 1-6 是示例效果。

图 1-6 各门店销售跟踪分析

综上所述,不论是财务人员,还是其他的经营管理人员,数据分析一般需要下面的几步:

- 根据分析要求,采集汇总数据。
- 整理加工数据,制作分析底稿。

- 仔细阅读表格，确定分析任务。
- 设计报告架构，清楚展示结果。
- 使用合适工具，提高分析效率。
- 正确汇报演示，准确表达观点。

本书将基于企业财务分析及经营分析中的实际完整案例，介绍如何合并汇总数据，如何构建一键刷新数据分析模板。

第 2 章

财务数据合并汇总的一般方法

对于大部分常见的财务数据表格来说,数据合并并不复杂,也有很多高效的工具可以使用,例如最常见的 Excel 合并计算工具、Excel 函数公式、Excel 数据透视表等。本章结合实际案例,介绍在日常数据合并中常用的 Excel 工具及其使用方法。

2.1 特殊结构表格的合并

不论是财务数据处理,还是其他数据处理(如生产日报表等),经常会遇到特殊结构表格数据的合并问题,这些特殊结构的表格,是依据实际管理需要设计的,很多情况下不是标准规范的一维表。

对于这样的表格,合并的主要目的是将各表格中对应的单元格数据进行加总,因此,我们可以采用合并计算工具、函数等方法来完成。

2.1.1 结构完全相同的特殊表格:当前工作簿内的多个工作表

图 2-1 是 6 个结构相同的表格,现在的任务是将这 6 个表格的数据加总到一个汇总表中,汇总表的结构也是同样的结构。

	A	B	C	D	E	F	G
1	科室	可控费用			不可控费用		
2		预算	实际	差异	预算	实际	差异
3	管理部	1,078,733	1,828,241	749,508	1,338,116	363,648	-974,468
4	总务科	1,308,002	1,168,182	-139,820	1,380,545	837,963	-542,582
5	采购科	1,513,418	297,891	-1,215,527	575,308	459,726	-115,582
6	管理科	869,787	540,958	-328,829	1,148,480	1,880,711	732,231
7	人事科	1,406,841	1,279,070	-127,771	449,572	883,565	433,993
8	制造部	1,373,402	345,039	-1,028,363	872,176	1,033,990	161,814
9	生管科	1,274,815	1,989,901	715,086	1,609,754	1,022,495	-587,259
10	冲压科	836,664	1,833,432	996,768	1,489,858	1,670,707	180,849
11	焊接科	1,718,605	1,256,963	-461,642	1,872,132	1,333,184	-538,948
12	涂装科	1,582,681	1,254,236	-328,445	1,384,443	1,452,150	67,707
13	组装科	229,879	890,960	661,081	1,182,982	607,894	-575,088
14	品质科	1,777,996	1,444,242	-333,754	1,682,962	1,109,627	-573,335
15	设管科	1,120,356	867,805	-252,551	1,573,360	1,509,484	-63,876
16	技术科	1,742,422	1,492,863	-249,559	1,587,427	1,988,055	400,628
17	营业科	970,218	1,411,567	441,349	942,590	455,867	-486,723
18	财务科	1,628,161	1,154,765	-473,396	1,237,400	1,856,240	618,840
19	合计	20,431,980	19,056,115	-1,375,865	20,327,105	18,465,306	-1,861,799

01月 | 02月 | 03月 | 04月 | 05月 | 06月

图 2-1 结构完全相同的 6 个工作表

由于我们需要的是这几个工作表数据的加总结果,就有以下三种处理方法:

(1)如果仅仅是需要一个合计数,可以使用 SUM 函数。

(2)如果不仅仅是需要一个合计数,还希望在合并表上能够随时查看合计数的来源(明细数据),可以使用合并计算工具。

(3)如果要合并的工作表个数不定(目前是 6 个月数据,如果增加了 7 月数据、8 月数据……),此时可以使用 SUM 函数,或者使用 VBA。

1. 使用 SUM 函数

使用 SUM 函数可以快速获取各表格的合计数,并且在工作表增加的情况下,可以快速添加到合并表中。

以图 2-1 所示的数据为例，使用 SUM 函数合并的基本方法和步骤如下。

步骤1 将某个工作表复制一份，重命名为"汇总"，删除标题以外的数据，如图 2-2 所示。

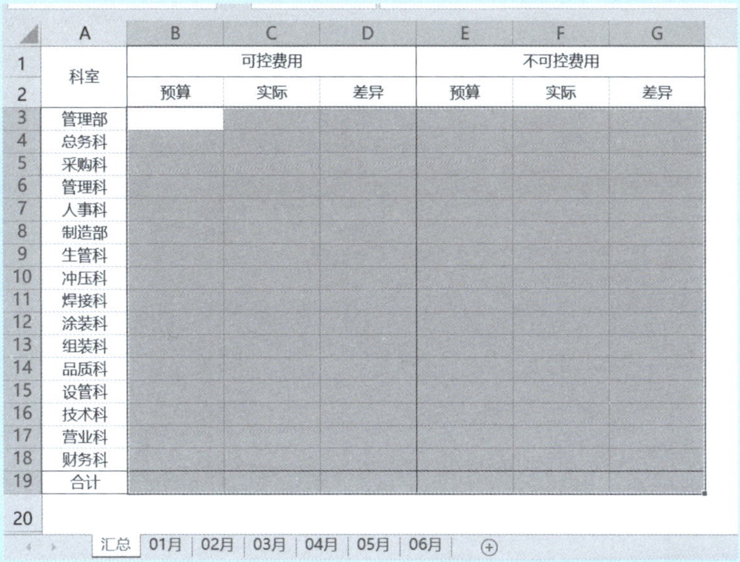

图 2-2 设计汇总表

步骤2 将所有要加总的工作表移动到一起，中间不要有其他不相干的工作表。

步骤3 选择汇总表中要放置合计数的单元格区域，见图 2-2。

步骤4 输入公式"=SUM()"，或者单击功能区的"自动求和"按钮，如图 2-3 所示。

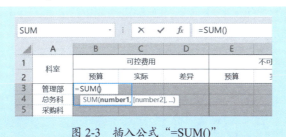

图 2-3 插入公式"=SUM()"

步骤5 单击第一个要加总的工作表标签，然后按住 Shift 键，再单击最后一个要加总的工作表标签，如图 2-4 所示，这样就得到了要加总的所有工作表的引用：

=SUM('01 月 :06 月 '!)

其中，01 月 :06 月表示引用包含第一个工作表"01 月"和最后一个工作表"06 月"在内的所有工作表。

步骤6 再单击要加总的第一个单元格（这里是 B3），完成加总 SUM 公式，如图 2-5 所示。

=SUM('01 月 :06 月 ' !B3)

图 2-4 引用所有要加总的工作表

图 2-5 单击单元格 B3，完成 SUM 公式

步骤7 按 Ctrl+Enter 组合键，就得到所有单元格的求和公式，也就得到了 6 个工作表的加总合计数，如图 2-6 所示。

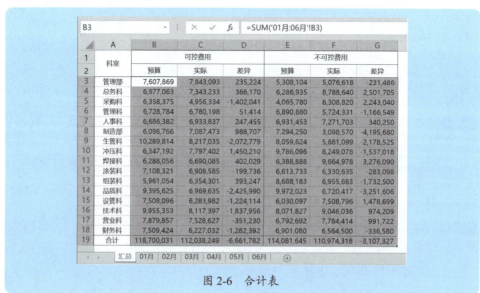

图 2-6 合计表

如果又有了"07月"工作表，只需要将该工作表置于工作表"01月"和"06月"之间，就自动将"07月"工作表数据加总到合并表，如图2-7所示（请与图2-6比较）。

	A	B	C	D	E	F	G
1	科室	可控费用			不可控费用		
2		预算	实际	差异	预算	实际	差异
3	管理部	8,475,163	8,226,932	-248,231	6,202,172	5,352,389	-849,783
4	总务科	8,377,912	7,676,911	-701,001	7,226,552	10,767,640	3,541,088
5	采购科	7,854,754	6,705,517	-1,149,237	4,410,071	8,073,798	3,663,727
6	管理科	7,022,392	7,462,907	440,515	8,039,360	6,032,520	-2,006,840
7	人事科	8,272,033	7,649,555	-622,478	8,327,350	7,540,854	-786,496
8	制造部	7,493,408	8,838,010	1,344,602	9,209,395	3,394,314	-5,815,081
9	生管科	12,164,423	9,457,027	-2,707,396	9,728,508	6,417,320	-3,311,188
10	冲压科	7,892,123	9,508,091	1,615,968	11,822,602	8,983,436	-2,839,166
11	焊接科	8,203,633	8,604,751	401,118	7,752,743	11,738,957	3,986,214
12	涂装科	9,047,720	7,748,611	-1,299,109	7,788,566	6,882,679	-905,887
13	组装科	7,094,854	6,793,186	-301,668	9,790,900	8,092,782	-1,698,118
14	品质科	11,593,995	8,446,653	-3,147,342	12,071,460	7,804,988	-4,266,472
15	设管科	8,034,516	6,715,707	-1,318,809	6,876,265	8,244,057	1,367,792
16	技术科	11,838,821	9,828,552	-2,010,269	9,352,859	9,538,736	185,877
17	营业科	8,065,689	7,860,811	-204,878	7,643,561	9,547,481	1,903,920
18	财务科	8,422,513	6,878,438	-1,544,075	8,290,540	8,358,138	67,598
19	合计	139,853,949	128,401,659	-11,452,290	134,532,904	126,770,089	-7,762,815

图2-7　新增加的工作表数据，自动加总到合并表

如果仅仅是需要得到各工作表的合计数，这个合并表就完成任务了，不过，如果要查看每个工作表的原始数据，就需要切换到各工作表中查看，这就有点不方便了。

下面介绍合并工具方法，可以实现在同一个合并表中，既可以得到各工作表的合计数，也可以查看各工作表的原始数据，不需要一个一个切换到每个工作表。

2. 使用合并计算工具

合并计算工具可以快速完成结构相同工作表的合并汇总，不论这些工作表结构多么复杂、有多少个合并单元格标题，只要它们结构完全相同即可。

以图2-1所示的数据为例，合并计算工具进行合并的方法和步骤如下。

步骤1 将某个工作表复制一份，重命名为"汇总"，删除标题以外的数据，参见前面的图2-2。

步骤2 选择要保存合并数据的单元格区域。

步骤3 单击"合并计算"命令按钮，如图2-8所示。

步骤4 打开"合并计算"对话框，如图2-9所示。

步骤5 单击"引用位置"输入框，然后拖动光标选择某个工作表的合并区域，再单击"添加"按钮，如图2-10所示。

步骤6 依此方法，将所有要合并的工作表数据区域添加完毕，如图2-11所示。

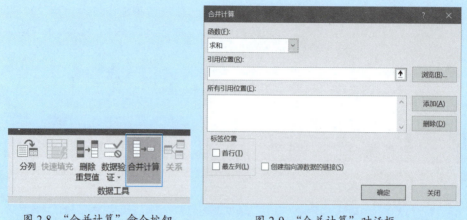

图 2-8 "合并计算"命令按钮　　图 2-9 "合并计算"对话框

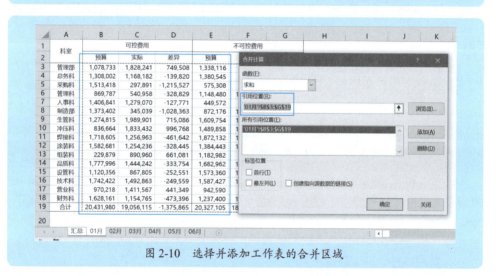

图 2-10 选择并添加工作表的合并区域

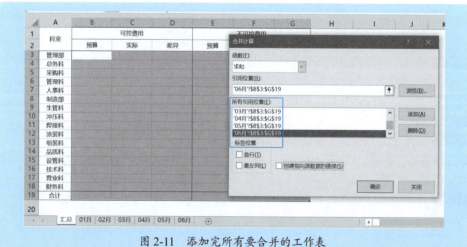

图 2-11 添加完所有要合并的工作表

步骤7　由于我们不仅需要得到合计数，还要得到每个工作表的明细数据，因此要选中对话框底部的"创建指向源数据的链接"复选框，如图2-12所示。

图2-12　选择"创建指向数据源的链接"

步骤8　单击"确定"按钮，得到所选工作表的合并结果，如图2-13所示。

	A	B	C	D	E	F	G
1	科室	可控费用			不可控费用		
2		预算	实际	差异	预算	实际	差异
9	管理部	7,607,869	7,843,093	235,224	5,308,104	5,076,618	-231,486
16	总务科	6,977,063	7,343,233	366,170	6,286,935	8,788,640	2,501,705
23	采购科	6,358,375	4,956,334	-1,402,041	4,065,780	6,308,820	2,243,040
30	管理科	6,728,784	6,780,198	51,414	6,890,880	5,724,331	-1,166,549
37	人事科	6,686,382	6,933,837	247,455	6,931,453	7,271,703	340,250
44	制造部	6,098,766	7,087,473	988,707	7,294,250	3,098,570	-4,195,680
51	生管科	10,289,814	8,217,035	-2,072,779	8,059,624	5,881,099	-2,178,525
58	冲压科	6,347,192	7,797,402	1,450,210	9,786,096	8,249,078	-1,537,018
65	焊接科	6,288,056	6,690,085	402,029	6,388,888	9,664,978	3,276,090
72	涂装科	7,108,321	6,908,585	-199,736	6,613,733	6,330,635	-283,098
79	组装科	5,961,054	6,354,301	393,247	8,688,183	6,955,683	-1,732,500
86	品质科	9,395,625	6,969,635	-2,425,990	9,972,023	6,720,417	-3,251,606
93	设管科	7,508,096	6,283,982	-1,224,114	6,030,097	7,508,796	1,478,699
100	技术科	9,955,353	8,117,397	-1,837,956	8,071,827	9,046,036	974,209
107	营业科	7,879,857	7,528,627	-351,230	6,792,692	7,784,414	991,722
114	财务科	7,509,424	6,227,032	-1,282,392	6,901,280	6,564,500	-336,580
121	合计	118,700,031	112,038,249	-6,661,782	114,081,645	110,974,318	-3,107,327

图2-13　合并结果

步骤9　这个合并表，不仅有所选工作表的合计数，还有链接过来的每个工作表的明细数据，因此自动生成了两层分级显示，单击工作表左侧的二级按钮，就展开了工作表，可查看每个工作表的数据，如图2-14所示。

Excel 财务数据合并与分析建模案例视频精讲

	A	B	C	D	E	F	G
1	科室	可控费用			不可控费用		
2		预算	实际	差异	预算	实际	差异
3		1,078,733	1,828,241	749,508	1,338,116	363,648	-974,468
4		1,420,852	1,652,100	231,248	571,367	250,853	-320,514
5		1,901,301	1,759,752	-141,549	268,962	137,115	-131,847
6		1,736,270	1,607,182	-129,088	1,352,343	2,173,296	820,953
7		867,294	383,839	-483,455	894,068	275,771	-618,297
8		603,419	611,979	8,560	883,248	1,875,935	992,687
9	管理部	7,607,869	7,843,093	235,224	5,308,104	5,076,618	-231,486
10		1,308,002	1,168,182	-139,820	1,380,545	837,963	-542,582
11		396,226	1,362,862	966,636	835,854	723,345	-112,509
12		1,015,508	1,274,056	258,548	516,092	1,422,339	906,247
13		1,154,650	1,753,002	598,352	967,793	1,891,980	924,187
14		1,400,849	333,678	-1,067,171	939,617	1,979,000	1,039,383
15		1,701,828	1,451,453	-250,375	1,647,034	1,934,013	286,979
16	总务科	6,977,063	7,343,233	366,170	6,286,935	8,788,640	2,501,705
17		1,513,418	297,891	-1,215,527	575,308	459,726	-115,582
18		1,556,703	535,068	-1,021,635	573,087	1,614,790	1,041,703
19		216,043	174,606	-41,437	246,534	543,418	296,884

图 2-14　展开合并表，查看各工作表的数据

步骤10 下面的工作，就是在 A 列各空单元格中输入相应的月份名称。

单击空单元格右侧的某个单元格，就可以看到该行是哪个工作表的数据，如图 2-15 所示。

步骤11 在 A 列顶部第一个部门上面的空单元格手动输入相应工作表（月份）名称，如图 2-16 所示。

图 2-15　查看数据来自哪个工作表　　　图 2-16　输入管理部的各月名称

步骤12 然后选择这几个单元格，批量复制到 A 列其他的空单元格中，如图 2-17 所示。

有一个快速输入各部门字段的月份名称的方法：选择手动输入的管理部顶部的 6 个月份单元格区域，按 Ctrl+C 键复制，然后选择 A 列下面所有的空单元格（可以通过定位的方法来快速选择），再按 Ctrl+V 键粘贴即可。

步骤13 为了使合并表格的阅读性更好，可以通过定位的方法，先选择合计行，再把合计行设置为不同的字体或颜色格式，如图 2-18 所示。

	A	B	C	D	E	F	G
1	科室	可控费用			不可控费用		
2		预算	实际	差异	预算	实际	差异
3	1月	1,078,733	1,828,241	749,508	1,338,116	363,648	-974,468
4	2月	1,420,852	1,652,100	231,248	571,367	250,853	-320,514
5	3月	1,901,301	1,759,752	-141,549	268,962	137,115	-131,847
6	4月	1,736,270	1,607,182	-129,088	1,352,343	2,173,296	820,953
7	5月	867,294	383,839	-483,455	894,068	275,771	-618,297
8	6月	603,419	611,979	8,560	883,248	1,875,935	992,687
9	管理部	7,607,869	7,843,093	235,224	5,308,104	5,076,618	-231,486
10	1月	1,308,002	1,168,182	-139,820	1,380,545	837,963	-542,582
11	2月	396,226	1,362,862	966,636	835,854	723,345	-112,509
12	3月	1,015,508	1,274,056	258,548	516,092	1,422,339	906,247
13	4月	1,154,650	1,753,002	598,352	967,793	1,891,980	924,187
14	5月	1,400,849	333,678	-1,067,171	939,617	1,979,000	1,039,383
15	6月	1,701,828	1,451,453	-250,375	1,647,034	1,934,013	286,979
16	总务科	6,977,063	7,343,233	366,170	6,286,935	8,788,640	2,501,705
17	1月	1,513,418	297,891	-1,215,527	575,308	459,726	-115,582
18	2月	1,556,703	535,068	-1,021,635	573,087	1,614,790	1,041,703
19	3月	216,043	174,606	-41,437	246,534	543,418	296,884
20	4月	300,992	748,230	447,238	1,242,260	1,245,428	3,168
21	5月	1,496,379	1,749,183	252,804	344,291	1,764,978	1,420,687

图 2-17　完成的各部门字段的月份名称

	A	B	C	D	E	F	G
1	科室	可控费用			不可控费用		
2		预算	实际	差异	预算	实际	差异
3	1月	1,078,733	1,828,241	749,508	1,338,116	363,648	-974,468
4	2月	1,420,852	1,652,100	231,248	571,367	250,853	-320,514
5	3月	1,901,301	1,759,752	-141,549	268,962	137,115	-131,847
6	4月	1,736,270	1,607,182	-129,088	1,352,343	2,173,296	820,953
7	5月	867,294	383,839	-483,455	894,068	275,771	-618,297
8	6月	603,419	611,979	8,560	883,248	1,875,935	992,687
9	管理部	7,607,869	7,843,093	235,224	5,308,104	5,076,618	-231,486
10	1月	1,308,002	1,168,182	-139,820	1,380,545	837,963	-542,582
11	2月	396,226	1,362,862	966,636	835,854	723,345	-112,509
12	3月	1,015,508	1,274,056	258,548	516,092	1,422,339	906,247
13	4月	1,154,650	1,753,002	598,352	967,793	1,891,980	924,187
14	5月	1,400,849	333,678	-1,067,171	939,617	1,979,000	1,039,383
15	6月	1,701,828	1,451,453	-250,375	1,647,034	1,934,013	286,979
16	总务科	6,977,063	7,343,233	366,170	6,286,935	8,788,640	2,501,705
17	1月	1,513,418	297,891	-1,215,527	575,308	459,726	-115,582
18	2月	1,556,703	535,068	-1,021,635	573,087	1,614,790	1,041,703
19	3月	216,043	174,606	-41,437	246,534	543,418	296,884
20	4月	300,992	748,230	447,238	1,242,260	1,245,428	3,168
21	5月	1,496,379	1,749,183	252,804	344,291	1,764,978	1,420,687

图 2-18　设置合计行的格式

3. 使用 VBA

由于这样的表格结构完全相同，当仅仅需要各工作表合计数时，使用 VBA 无疑是最简单的方法，它不限制工作表的个数，几个工作表也好，几百个工作表也好，只需一个按钮就可以完成合并计算。

针对图 2-1 所示的示例，扩展到工作表个数不定的场合，下面是 VBA 参考代码，其核心是循环单元格区域,将每个工作表的对应单元格数据相加。

```
Sub 汇总 ()
    Dim i As Integer, j As Integer, k As Integer
    Dim wb As Workbook
    Dim ws As Worksheet
    Dim sh As Worksheet
    Set wb = ThisWorkbook
    Set ws = wb.Worksheets(" 汇总 ")
    For i = 1 To wb.Worksheets.Count
        Set sh = wb.Worksheets(i)
        If sh.Name <> " 汇总 " Then
            For j = 3 To 19
                For k = 2 To 7
                    ws.Cells(j, k) = ws.Cells(j, k) + sh.Cells(j, k)
                Next k
            Next j
        End If
    Next i
End Sub
```

2.1.2 结构完全相同的特殊表格:不同工作簿内的工作表

合并计算工具,除了适用于同一个工作簿内的多个工作表汇总外,还适合不同工作簿的工作表汇总,只要保证各工作簿的工作表结构相同即可。

例如,文件夹里有三个工作簿,分别保存三个城市门店各月的销售数据,如图 2-19 所示,每个工作表结构及数据示例如图 2-20 所示。

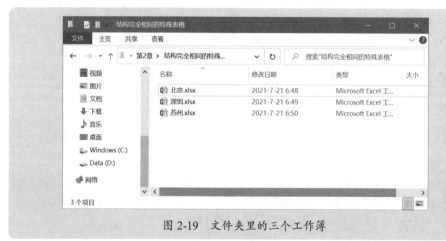

图 2-19 文件夹里的三个工作簿

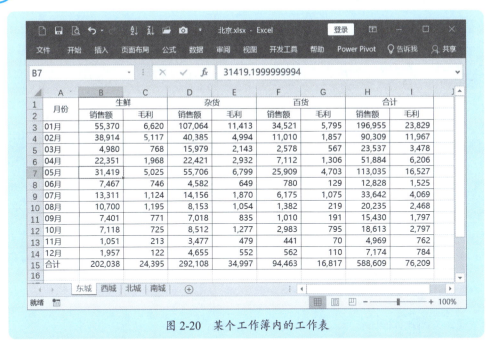

图 2-20 某个工作簿内的工作表

现在的任务是将这三个工作簿的所有工作表数据合并起来。

1. 使用合并计算工具

这种跨工作簿合并计算稍微烦琐,但不复杂,主要步骤如下。

步骤 1 使用"打开"命令按钮,打开所有要合并的工作簿。

步骤 2 新建一个工作簿,设计汇总表结构(与某个原工作表相同,复制一个结构即可)。

步骤 3 单击"合并计算"命令按钮,打开"合并计算"对话框(参考图 2-9)。

步骤 4 分别激活每个工作簿的每个工作表,添加区域,如图 2-21 所示。

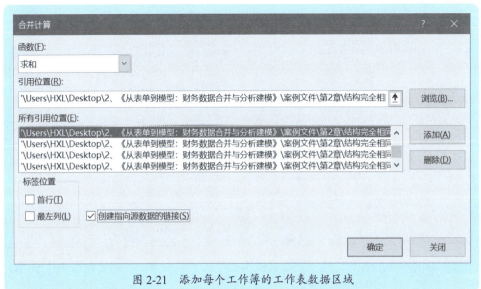

图 2-21 添加每个工作簿的工作表数据区域

步骤5 选中"创建指向源数据的链接"复选框,然后单击"确定"按钮,得到如图 2-22 所示的合并表。

	月份	生鲜		杂货		百货		合计	
		销售额	毛利	销售额	毛利	销售额	毛利	销售额	毛利
15	01月	404,400	44,908	665,243	71,815	246,838	42,543	1,316,482	159,266
28	02月	340,995	40,698	301,957	35,324	109,427	18,336	752,378	94,359
41	03月	51,668	8,536	154,985	20,416	28,843	6,125	235,496	35,077
54	04月	161,951	14,450	176,092	22,455	69,481	12,085	407,525	48,990
67	05月	236,935	32,211	462,302	59,506	209,798	38,563	909,036	130,280
80	06月	60,368	6,439	43,150	6,041	10,156	1,553	113,674	14,032
93	07月	124,981	10,012	113,324	13,191	59,426	10,254	297,731	33,456
106	08月	91,215	9,901	66,124	8,095	18,082	2,741	175,421	20,737
119	09月	71,061	6,196	49,050	5,507	11,613	1,900	131,724	13,603
132	10月	94,389	9,366	71,833	10,393	29,428	6,820	195,651	26,578
145	11月	14,473	2,154	32,762	4,607	6,849	1,280	54,083	8,042
158	12月	14,864	1,158	28,087	2,633	4,245	871	47,196	4,661
171	合计	1,667,300	186,028	2,164,909	259,982	804,187	143,071	4,636,396	589,081

图 2-22 合并表数据

步骤6 关闭源数据工作簿。
步骤7 单击左侧边条上的二级按钮,展开合并表,如图 2-23 所示。

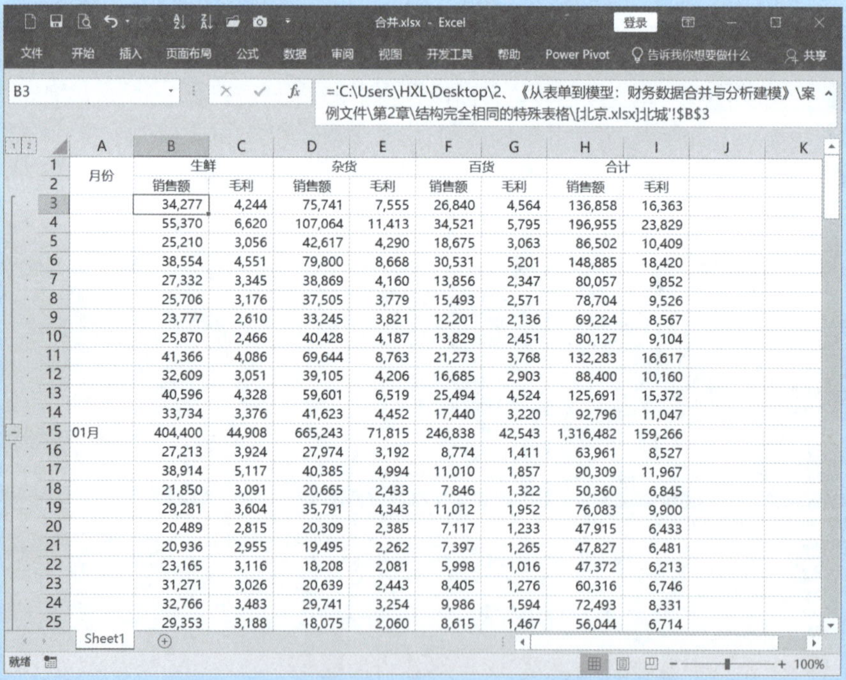

图 2-23 展开合并表

步骤8 单击 B 列的各单元格,观察公式编辑栏的引用公式,可以看到每一行引用了哪个工作簿、哪个工作表的数据。

步骤9 在每个城市上手动插入空行，用 SUM 函数对该城市求和，并输入相应城市和门店名称，如图 2-24 所示。可以先处理 1 月份的数据，然后以此为参照，处理其他月份的数据。

	A	B	C	D	E	F	G	H	I
1		生鲜		杂货		百货		合计	
2	月份	销售额	毛利	销售额	毛利	销售额	毛利	销售额	毛利
3	北京	153,410	18,471	305,222	31,927	110,567	18,623	569,200	69,021
4	北城	34,277	4,244	75,741	7,555	26,840	4,564	136,858	16,363
5	东城	55,370	6,620	107,064	11,413	34,521	5,795	196,955	23,829
6	南城	25,210	3,056	42,617	4,290	18,675	3,063	86,502	10,409
7	西城	38,554	4,551	79,800	8,668	30,531	5,201	148,885	18,420
8	深圳	76,815	9,130	109,619	11,761	41,550	7,054	227,985	27,945
9	华侨城	27,332	3,345	38,869	4,160	13,856	2,347	80,057	9,852
10	南山	25,706	3,176	37,505	3,779	15,493	2,571	78,704	9,526
11	总店	23,777	2,610	33,245	3,821	12,201	2,136	69,224	8,567
12	苏州	174,175	17,307	250,402	28,127	94,721	16,866	519,298	62,300
13	昆山	25,870	2,466	40,428	4,187	13,829	2,451	80,127	9,104
14	吴江	41,366	4,086	69,644	8,763	21,273	3,768	132,283	16,617
15	吴中	32,609	3,051	39,105	4,206	16,685	2,903	88,400	10,160
16	相城	40,596	4,328	59,601	6,519	25,494	4,524	125,691	15,372
17	园区	33,734	3,376	41,623	4,452	17,440	3,220	92,796	11,047
18	01月	655,390	71,346	1,025,264	111,703	383,110	66,463	2,063,765	249,511
19	北京	27,213	3,924	27,974	3,192	8,774	1,411	63,961	8,527
20	北城	38,914	5,117	40,385	4,994	11,010	1,857	90,309	11,967
21	南城	21,850	3,091	20,665	2,433	7,846	1,322	50,360	6,845

图 2-24 输入城市和地区名称

2. 使用 VBA

上述的合并计算方法比较麻烦，尤其是在要汇总的工作簿和工作表很多的场合，此时，可以使用 VBA，单击一个按钮即可实现合并，得到各工作簿工作表的合计数。

针对上述案例，下面是参考代码，这里已确定了要汇总的具体工作簿。

```
Sub 汇总()
    Dim wbx As Workbook
    Dim wsx As Worksheet
    Dim ws As Worksheet
    Dim i As Integer, j As Integer, k As Integer, l As Integer
    Dim arr As Variant, s
    Set ws = ThisWorkbook.Worksheets("汇总")
    arr = Array("北京.xlsx", "深圳.xlsx", "苏州.xlsx")
    For k = 0 To UBound(arr)
        Workbooks.Open Filename:=ThisWorkbook.Path & "\" & arr(k)
    Next k
    For i = 3 To 15
        For j = 2 To 9
            s = 0
```

```
            For k = 0 To UBound(arr)
                Set wbx = Workbooks(arr(k))
                For l = 1 To wbx.Worksheets.Count
                    Set wsx = wbx.Worksheets(l)
                    s = s + wsx.Cells(i, j)
                Next l
            Next k
            ws.Cells(i, j) = s
        Next j
    Next i
    For k = 0 To UBound(arr)
        Workbooks(arr(k)).Close savechanges:=False
    Next k
End Sub
```

如果要汇总的工作簿有很多，也不清楚每个工作簿具体的名字，可以使用下面的代码将指定文件夹内的所有要汇总的文件搜索出来。

```
Sub 搜索 ()
    Dim fPath As String
    Dim fName As String
    Dim f(1 To 100) As String
    Dim i As Long
    fPath = ThisWorkbook.Path & "\"
    fName = Dir(fPath, 0)
    i = 0
    Do While Len(fName) > 0
        f(i + 1) = fPath & fName
        fName = Dir()
        i = i + 1
    Loop
End Sub
```

2.1.3 结构不完全相同的特殊表格

对于结构不完全相同的特殊表格，合并汇总没有通用的方法，而是需要结合具体情况，选择一个简单、高效的方法，例如，使用函数，使用PQ，等等。

图 2-25 是银行账户工作表，现在的任务是将各账户的当前余额汇总到账户余额表中。

图 2-25 结构不完全相同的特殊工作表

针对这个案例,需要使用函数来快速计算。如果要汇总的工作表不多,可以一个一个工作表利用公式进行汇总计算。如果工作表很多,可以使用 INDIRECT 函数做间接引用,创建通用汇总公式。

下面是使用 INDIRECT 函数做计算汇总的参考公式。

单元格 B2,计算各账户的收项累计:

=SUM(INDIRECT(A2&"!C:C"))

单元格 C2,计算各账户的支项累计:

=SUM(INDIRECT(A2&"!D:D"))

单元格 D2,计算各账户的当前余额:

=LOOKUP(1,1/(INDIRECT(A2&"!E2:E1000")<>""),INDIRECT(A2&"!E2:E1000"))

2.2 一维表格的合并汇总

一维表格的合并,更多的是将这些表格数据堆积在一起,形成一个包括全部数据的总表。这种情况下可以汇总全部字段(假如这些工作表字段个数一样),或者汇总部分需要的字段。

一维表格合并的常规方法主要是现有连接 +SQL 方法,以及后面要介绍的 VBA 方法和 Power Query 方法。本节主要介绍如何使用连接 +SQL 方法快速汇总大量一维工作表。

2.2.1 汇总全部字段全部数据:基本方法

如果要汇总某个工作簿内的指定的工作表的全部字段全部数据,可以使用下面的 SQL 语句:

select * from [表1$]
union all

```
select * from [表2$]
union all
select * from [表3$]
union all
……
select * from [表n$]
```

这是 SQL 的基本语句，select 表示查询数据的意思，型号（*）表示全部字段，from 表示从哪里去查询数据，工作表名称后添加后缀 $，用方括号括起来，表示要查询的工作表。

图 2-26 是一个简单的例子，是四种费用的明细表，现在要将这几个表数据汇总到一个工作表上。

图 2-26 四个要汇总的一维表，字段相同

下面是合并汇总的主要步骤。

步骤1 选择"数据"→"现有连接"命令，如图 2-27 所示。

图 2-27 "现有连接"命令按钮

步骤2 打开"现有连接"对话框，如图 2-28 所示。

步骤3 单击对话框左下角的"浏览更多"按钮，打开"选取数据源"对话框，从文件夹中选择要汇总的工作簿，如图 2-29 所示。

步骤4 单击"打开"按钮，打开"选择表格"对话框，如图 2-30 所示。

图 2-28 "现有连接"对话框

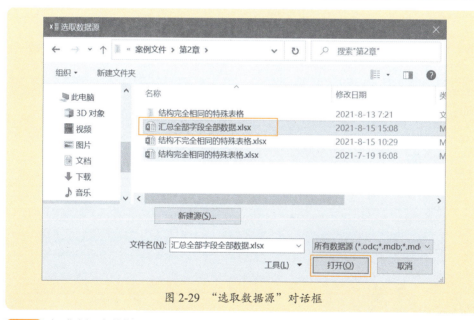

图 2-29 "选取数据源"对话框

> 步骤5 在"选择表格"对话框中,保持默认选项,单击"确定"按钮,打开"导入数据"对话框,如图 2-31 所示。

> 步骤6 在"导入数据"对话框中,单击左下角的"属性"按钮,打开"连接属性"对话框,如图 2-32 所示。

> 步骤7 切换到"定义"选项卡,然后在命令文本框中输入下面的 SQL 语句,如图 2-33 所示。

```
select * from [水电费$]
union all
```

```
select * from [车船使用税 $]
union all
select * from [土地使用税 $]
union all
select * from [利息支出 $]
```

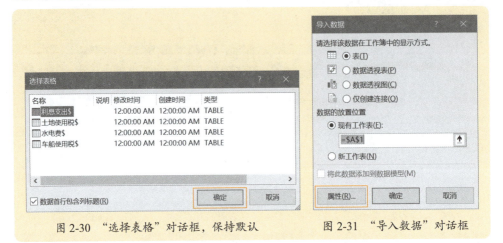

图 2-30 "选择表格"对话框，保持默认　　图 2-31 "导入数据"对话框

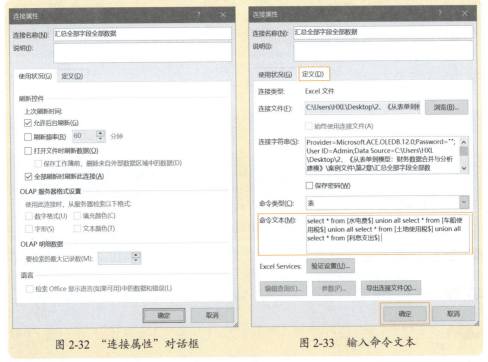

图 2-32 "连接属性"对话框　　图 2-33 输入命令文本

> **步骤8** 单击"确定"按钮，返回"导入数据"对话框，选中"表"和"新工作表"单选按钮，如图 2-34 所示。

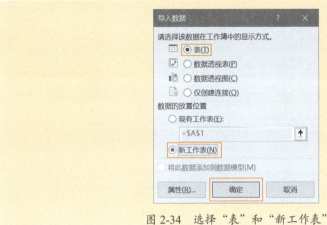

图 2-34 选择"表"和"新工作表"

步骤9 单击"确定"按钮，就得到四个工作表数据的合并汇总表，如图 2-35 所示。

图 2-35 四个工作表数据合并汇总表

2.2.2 汇总全部字段满足条件的部分数据

当需要把每个工作表中满足条件的数据提取出来，并汇总到一起，可以在 SQL 语句中添加 where 条件字句：

    select * from [表 $] where 条件表达式

例如，要从工作表"销售明细"中查找地区是"华北"和"华东"，门店性质是"自营"的数据，SQL 语句如下：

    select * from [销售明细 $] where (地区 =' 华北 ' or 地区 =' 华东 ') and 性质 =' 自营 '

注意条件之间的逻辑关系，合理使用 and、or 以及括号组合。

图 2-36 中的示例要求汇总各月数据到一个表中，地区条件是华北，产品类别是家电类和服饰类。

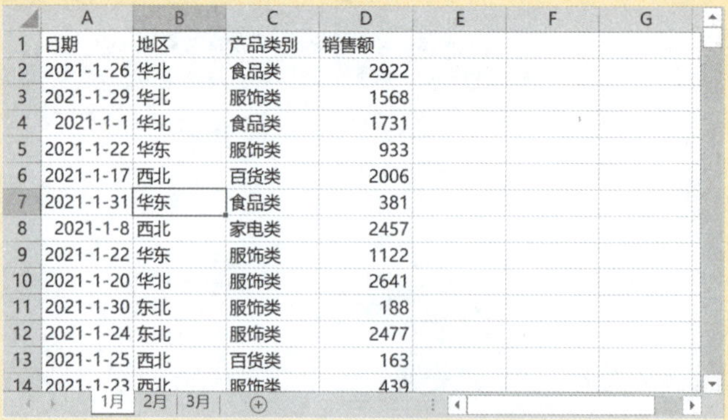

	A	B	C	D	E	F	G
1	日期	地区	产品类别	销售额			
2	2021-1-26	华北	食品类	2922			
3	2021-1-29	华北	服饰类	1568			
4	2021-1-1	华北	食品类	1731			
5	2021-1-22	华东	服饰类	933			
6	2021-1-17	西北	百货类	2006			
7	2021-1-31	华东	食品类	381			
8	2021-1-8	西北	家电类	2457			
9	2021-1-22	华东	服饰类	1122			
10	2021-1-20	华北	服饰类	2641			
11	2021-1-30	东北	服饰类	188			
12	2021-1-24	东北	服饰类	2477			
13	2021-1-25	西北	百货类	163			
14	2021-1-23	西北	服饰类	439			

图 2-36　示例数据 1

具体合并方法与 2.2.1 节介绍的完全相同，不过此时的 SQL 语句变为下面的情形：

```
select * from [1 月 $] where 地区 =' 华北 ' and ( 产品类别 =' 家电类 ' or 产品类别 =
' 服饰类 ')
union all
select * from [2 月 $] where 地区 =' 华北 ' and ( 产品类别 =' 家电类 ' or 产品类别 =
' 服饰类 ')
union all
select * from [3 月 $] where 地区 =' 华北 ' and ( 产品类别 =' 家电类 ' or 产品类别 =
' 服饰类 ')
```

合并汇总的结果如图 2-37 所示。

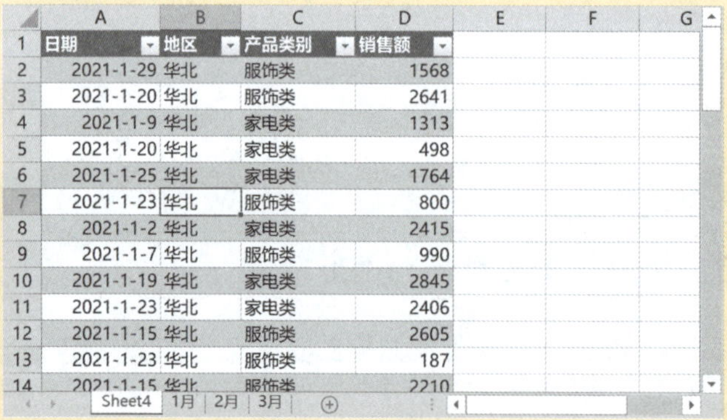

	A	B	C	D	E	F	G
1	日期	地区	产品类别	销售额			
2	2021-1-29	华北	服饰类	1568			
3	2021-1-20	华北	服饰类	2641			
4	2021-1-9	华北	家电类	1313			
5	2021-1-20	华北	家电类	498			
6	2021-1-25	华北	家电类	1764			
7	2021-1-23	华北	服饰类	800			
8	2021-1-2	华北	家电类	2415			
9	2021-1-7	华北	服饰类	990			
10	2021-1-19	华北	家电类	2845			
11	2021-1-23	华北	家电类	2406			
12	2021-1-15	华北	服饰类	2605			
13	2021-1-23	华北	服饰类	187			
14	2021-1-15	华北	服饰类	2210			

图 2-37　汇总结果 1

2.2.3 汇总部分字段全部数据

在 select 语句中，星号（*）表示全部字段，如果要汇总指定字段的数据，则需要列出具体字段名称了，参考如下。

```
select 字段 1, 字段 2, 字段 3,……，　字段 n from [ 表 $]
```

图 2-38 的示例数据是 6 个月的工资表中，要求将每个人的个税、社保和公积金合并到一个工作表。

图 2-38 示例数据 2

此时，SQL 语句如下，汇总结果如图 2-39 所示。

select 月份 , 姓名 , 合同类型 , 个人所得税 , 社保金 , 公积金 from[1 月 $]
union all
select 月份 , 姓名 , 合同类型 , 个人所得税 , 社保金 , 公积金 from[2 月 $]
union all
select 月份 , 姓名 , 合同类型 , 个人所得税 , 社保金 , 公积金 from[3 月 $]
union all
select 月份 , 姓名 , 合同类型 , 个人所得税 , 社保金 , 公积金 from[4 月 $]
union all
select 月份 , 姓名 , 合同类型 , 个人所得税 , 社保金 , 公积金 from[5 月 $]
union all
select 月份 , 姓名 , 合同类型 , 个人所得税 , 社保金 , 公积金 from[6 月 $]

图 2-39 汇总结果 2

2.2.4 汇总部分字段满足条件的数据

如果要汇总部分字段的部分满足条件的数据，可以在 SQL 中添加 where 子句。例如，在上面的例子中，要把合同工各月的社保和公积金汇总到一张表上，SQL 语句如下：

　　select 月份,姓名,合同类型,个人所得税,社保金,公积金 from[1月$] where 合同类型='合同工'
　　union all
　　select 月份,姓名,合同类型,个人所得税,社保金,公积金 from[2月$] where 合同类型='合同工'
　　union all
　　select 月份,姓名,合同类型,个人所得税,社保金,公积金 from[3月$] where 合同类型='合同工'
　　union all
　　select 月份,姓名,合同类型,个人所得税,社保金,公积金 from[4月$] where 合同类型='合同工'
　　union all
　　select 月份,姓名,合同类型,个人所得税,社保金,公积金 from[5月$] where 合同类型='合同工'
　　union all
　　select 月份,姓名,合同类型,个人所得税,社保金,公积金 from[6月$] where 合同类型='合同工'

汇总结果如图 2-40 所示。

	A	B	C	D	E	F
1	月份	姓名	合同类型	个人所得税	社保金	公积金
2	1月	G001	合同工	607.6	337	312
3	1月	G002	合同工	1068.4	47	379
4	1月	G007	合同工	864.8	205	475
5	1月	G009	合同工	204.1	450	356
6	1月	G014	合同工	200.9	481	444
7	1月	G015	合同工	288.3	31	11
8	1月	G016	合同工	26.22	458	33
9	1月	G019	合同工	53.4	225	59
10	1月	G023	合同工	309	4	367
11	1月	G024	合同工	629.4	474	259
12	1月	G025	合同工	294.9	229	231
13	1月	G026	合同工	717.8	269	175
14	1月	G027	合同工	1084.6	179	428
15	1月	G030	合同工	3.99	372	366
16	2月	G002	合同工	601.6	324	205
17	2月	G004	合同工	936.4	130	3
18	2月	G005	合同工	819	404	172

图 2-40　汇总结果 3

2.2.5 在汇总表自动添加新字段

如果要在汇总表中添加源表中不存在的新字段,则可以使用下面的 SQL 语句:

select *,' 2020 年' as 年份 ,' 1 月' as 月份 from [表 1$]

这个语句中添加了两个新字段:"年份"和"月份",该字段下的数据分别是文本"2020 年"和"1 月"。

这种情况是常见的,因为很多情况下,我们在工作表名称中说明数据的归属,例如,每个月工作表,并没有月份字段,而是在工作表名称中标明月份。

在上面的例子中,如果各月份工作表中没有月份字段,如图 2-41 所示。

图 2-41 每个月发工资表中,没有字段"月份"

那么将各月份工资表汇总起来,并添加一个月份字段,SQL 语句如下:

```
select '1 月 ' as 月份 ,* from[1 月 $]
union all
select '2 月 ' as 月份 ,* from[2 月 $]
union all
select '3 月 ' as 月份 ,* from[3 月 $]
union all
select '4 月 ' as 月份 ,* from[4 月 $]
union all
select '5 月 ' as 月份 ,* from[5 月 $]
union all
select '6 月 ' as 月份 ,* from[6 月 $]
```

图 2-42 就是一个汇总示例结果。

图 2-42 在汇总表添加新字段"月份"

2.2.6 特别重要的几个注意事项

现有连接+SQL 语句的方法，对于汇总大量工作表，是很实用的工具，操作简单，只需了解 SQL 基本语句（select 语句）就能应用。不过，也有几个重要的注意事项需要了解。

1. 注意列匹配

如果在 SQL 中使用了星号（*）来代替所有字段，那么就需要保证每个工作表中，字段个数和字段顺序必须完全相同，否则就会出现错误。

如果这些工作表的字段个数和顺序不同，就不能使用星号选择所有字段，而必须使用具体的字段列表"字段 1，字段 2，字段 3，字段 4……"获取这些工作表都存在的字段数据。

2. 注意检查实际数据区域大小

很多人喜欢在数据区域外输入一些验证计算公式或者数据，这会造成实际数据区域大小并不是用户看见的大小，即使使用 Delete 键删除了这些单元格数据也没用。

检查实际数据区域大小，可以使用 Ctrl+End 键，看看定位到哪个单元格。

2.2.7 数据刷新

现有连接+SQL 方法汇总工作表，既可以是当前工作簿的 N 个工作表，也可以是其他工作簿的 N 个工作表（不打开工作簿就可以汇总），而且得到的汇总表是与数据源动态链接的，只要在汇总数据区域内右击，在弹出的快捷菜单中执行"刷新"命令，如图 2-43 所示，就可以对汇总结果进行更新。

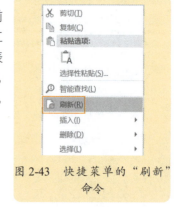

图 2-43 快捷菜单的"刷新"命令

2.2.8 直接创建基于多个工作表数据的合并与分析模型

现有连接+SQL 语句方法中，在最后一步的"导入数据"对话框中，可以选择"数据透视表"选项，如图 2-44 所示，这样得到的就是一个数据透视表，而不是一个数据明细表，因此可以创建数据合并与透视分析于一体的自动化数据分析模板。

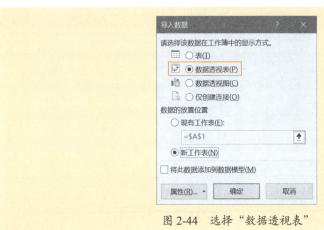

图 2-44 选择"数据透视表"

2.3 二维结构表格的合并汇总

二维表格是财务工作中常见的表格之一，所谓二维表格，就是数据的第一列和第一行均是文本。这种表格的合并汇总，不论这些行标题和列标题是否顺序一样，是否个数一样，均使用多重合并计算数据区域数据透视表来完成，而得到的结果是数据透视表，在此基础上，可以做灵活数据分析。

2.3.1 简单的加总汇总

如图 2-45 所示，要求将三个部门的数据加总合并到一个新工作表，计算所有部门、所有项目的合计数。

注意，这三个表格的列顺序以及列数并不相同，但它们都是经典的二维表格。

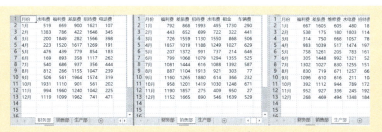

图 2-45 三个部门的各月费用

下面是这种二维表格合并的基本方法和步骤。

步骤1 按 Alt+D+P 组合键,打开"数据透视表和数据透视图向导 -- 步骤 1(共 3 步)"对话框,如图 2-46 所示,选中"多重合并计算数据区域"单选按钮。

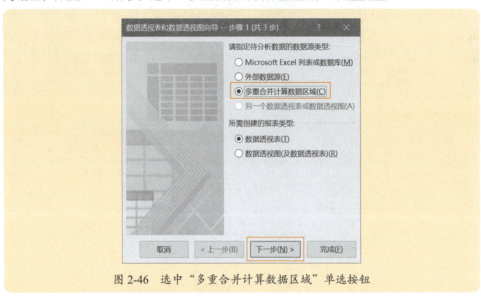

图 2-46 选中"多重合并计算数据区域"单选按钮

步骤2 单击"下一步"按钮,打开"数据透视表和数据透视图向导 -- 步骤 2a(共 3 步)"对话框,保持默认选择,如图 2-47 所示。

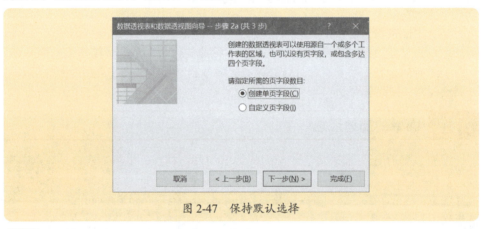

图 2-47 保持默认选择

步骤3 单击"下一步"按钮,打开"数据透视表和数据透视图向导 -- 步骤 2b(共 3 步)"对话框,选择并添加每个工作表的数据区域,如图 2-48 所示。

添加数据区域的方法很简单,拖动光标选择数据区域,单击"添加"按钮即可。

如果选择有误,并且已经添加了,可以在区域列表中选择该区域,单击"删除"按钮,删除该区域。

步骤4 单击"下一步"按钮,打开"数据透视表和数据透视图向导 -- 步骤 3(共 3 步)"对话框,如图 2-49 所示,选择"新工作表"。

图 2-48　选择并添加每个工作表的数据区域

图 2-49　选择"新工作表"

步骤5 单击"完成"按钮，在新工作表中，得到了各月、各部门的费用合计表，如图 2-50 所示。

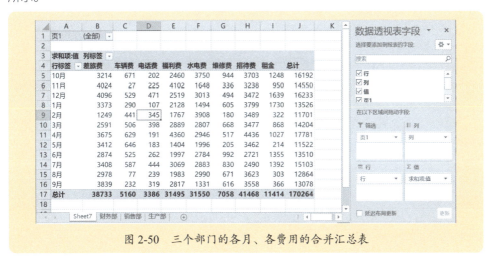

图 2-50　三个部门的各月、各费用的合并汇总表

2.3.2 一个页字段区分的合并汇总

默认情况下，上面得到的合并表是三个部门的合计数，实际上，由于我们在图 2-47 中保持了默认选择，因此得到的合并表实际上有一个页字段，用来区分部门。

将字段“行”拖至“筛选”窗格，将“页 1”字段拖至“行”窗格，就得到了如图 2-51 所示的数据透视表。

	A	B	C	D	E	F	G	H	I	J
1										
2	行	(全部)								
3										
4	求和项:值	列标签								
5	行标签	差旅费	车辆费	电话费	福利费	水电费	维修费	招待费	租金	总计
6	项1	12517		3386	11838	8872		13394		50007
7	项2	11142			8405	12023	7058	14001		52629
8	项3	15074	5160		11252	10655		14073	11414	67628
9	总计	38733	5160	3386	31495	31550	7058	41468	11414	170264
10										

图 2-51 重新布局数据透视表

其中，“项 1”“项 2”和“项 3”分别表示“财务部”“生产部”和“销售部”（请注意图 2-48 中添加数据区域后，各数据区域的顺序，这些数据区域会以默认的名称“项 1”“项 2”和“项 3”表示，而不是具体的部门名称）。

在单元格里分别将“项 1”“项 2”和“项 3”修改为“财务部”“生产部”和“销售部”，就得到如图 2-52 所示的各部门、各项费用的合并表。

	A	B	C	D	E	F	G	H	I	J
1										
2	行	(全部)								
3										
4	求和项:值	列标签								
5	行标签	差旅费	车辆费	电话费	福利费	水电费	维修费	招待费	租金	总计
6	财务部	12517		3386	11838	8872		13394		50007
7	生产部	11142			8405	12023	7058	14001		52629
8	销售部	15074	5160		11252	10655		14073	11414	67628
9	总计	38733	5160	3386	31495	31550	7058	41468	11414	170264
10										

图 2-52 各部门、各项费用的合计表

重新布局数据透视表，并调整月份的顺序，修改字段名称，设置数据透视表格式，就得到了区分部门、费用和月份的三个维度的合并表（数据透视表），如图 2-53 所示。

4	金额		月份											
5	部门	费用	1月	2月	3月	4月	5月	6月	7月	8月	9月	10月	11月	12月	总计
6	⊟财务部	差旅费	900	422	282	1617	779	358	937	1155	1964	901	1240	1962	12517
7		电话费	107	345	398	191	183	262	444	239	319	202	225	471	3386
8		福利费	669	786	1849	1520	439	893	686	266	561	1110	1960	1099	11838
9		水电费	519	1383	200	223	476	169	540	812	506	1931	994	1119	8872
10		招待费	1621	1646	1566	1269	854	1117	356	1047	1574	561	1042	741	13394
11	财务部 汇总		3816	4582	4295	4820	2731	2799	2963	3519	4924	4705	5461	5392	50007
12	⊟生产部	差旅费	1605	175	750	1039	1261	1448	1027	719	610	1112	927	469	11142
13		福利费	667	538	314	983	758	305	1302	830	1096	392	952	268	8405
14		水电费	480	1803	1057	1474	783	1321	1255	1257	211	789	245	1348	12023
15		维修费	605	180	668	517	205	992	830	671	616	944	336	494	7058
16		招待费	185	1144	781	1979	1617	525	1518	663	104	1723	1921	1841	14001
17	生产部 汇总		3542	3840	3570	5992	4624	4591	5932	4140	2637	4960	4381	4420	52629
18	⊟销售部	差旅费	868	652	1559	1019	1372	1068	1444	1104	1265	1201	1857	1665	15074
19		车辆费	290	441	506	629	646	525	587	77	232	671	27	529	5160
20		福利费	792	443	726	1857	207	799	1081	887	1160	958	1190	1152	11252
21		水电费	495	722	1550	1249	737	1294	1088	921	614	1030	409	546	10655
22		招待费	1993	699	1130	1188	991	1079	616	1913	1880	1419	275	890	14073
23		租金	1730	322	868	1027	214	1355	1392	303	366	1248	950	1639	11414
24	销售部 汇总		6168	3279	6339	6969	4167	6120	6208	5205	5517	6527	4708	6421	67628
25	总计		13526	11701	14204	17781	11522	13510	15103	12864	13078	16192	14550	16233	170264

图 2-53 重新布局后的合并表

2.3.3 多个页字段区分的合并汇总

在某些情况下,我们需要使用多个页字段来区分各表格的数据,此时需要创建多页字段的数据透视表。

例如,图 2-54 所示是各部门两年的各季度数据,分别保存在去年和今年两个表中,现在的任务是将它们合并起来,并能区分年份和季度,也就是四个维度的汇总表:年份、季度、部门和费用。

图 2-54 保存各部门各季度的两个表格

这个问题需要创建多页字段的数据透视表,也就是在图 2-47 中,选择"自定义页字段",如图 2-55 所示。

在图 2-56 中,选择页字段数目"2",并为下面的字段 1 和字段 2 分别添加年份名称和季度名称。

这里需要说明的是,为字段 1 和字段 2 分别添加年份名称和季度名称的方法稍微烦琐，例如，要在字段1中输入年份名称，就先在列表框里输入"去年"，然后单击对话框的某个可操作性的部件（例如数据区域列表处、选项按钮等），否则项目是添加不到字段项目列表中，而且添加错了，还不能删除，所以在添加字段项目时，要仔细认真，不能着急，不要出错。

分别选择添加各工作表的数据区域，并同时指定相应的年份和季度，如图 2-57 所示。添加完毕后，要再核对一遍，确认每个数据区域的年份和季度正确。

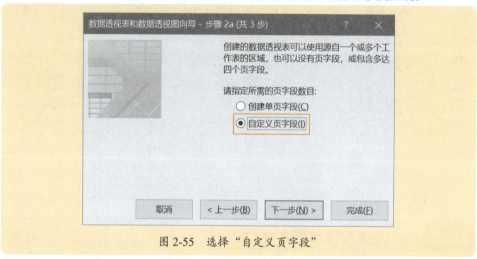

图 2-55　选择"自定义页字段"

图 2-56　选择页字段数目，并添加字段项目

图 2-57　添加数据区域，指定字段和项目

得到如图 2-58 所示的数据透视表。

	A	B	C	D	E	F	G
1	页1	(全部)					
2	页2	(全部)					
3							
4	求和项:值	列标签					
5	行标签	差旅费	电话费	福利费	水电费	招待费	总计
6	财务部	6438	8359	4674	6097	5218	30786
7	生产部	6116	4110	6401	7426	8634	32687
8	物控部	7263	5913	6755	8014	8002	35947
9	销售部	6909	6747	5015	6750	7713	33134
10	总计	26726	25129	22845	28287	29567	132554

图 2-58　汇总表

剩下的任务就是重新布局数据透视表，修改字段名称，设置格式，这样就完成了两个工作表共 8 个数据区域的合并汇总，如图 2-59 所示。

	A	B	C	D	E	F	G	H	I	J
4	求和项:值		季度	年份						
5			一季度		二季度		三季度		四季度	
6	部门	费用	今年	去年	今年	去年	今年	去年	今年	去年
7	财务部	差旅费	1275	486	152	1412	1092	750	122	1149
8		电话费	1234	937	1374	1200	1171	922	519	1002
9		福利费	382	137	668	962	729	798	101	897
10		水电费	530	658	1474	911	710	890	323	601
11		招待费	669	429	1276	1347	279	319	688	211
12	财务部 汇总		4090	2647	4944	5832	3981	3679	1753	3860
13	生产部	差旅费	1279	681	1249	420	1285	121	737	344
14		电话费	128	674	504	494	337	489	599	885
15		福利费	309	485	1291	196	799	1171	859	1287
16		水电费	275	797	383	949	1366	862	1469	1325
17		招待费	1239	1391	1002	1151	1064	962	1010	815
18	生产部 汇总		3230	4032	4429	3210	4851	3605	4674	4656
19	物控部	差旅费	719	955	159	980	1127	906	1263	1154
20		电话费	708	1279	804	595	251	970	436	870
21		福利费	1471	389	172	832	953	1419	838	681
22		水电费	969	1430	1078	1232	534	785	1313	673
23		招待费	1388	1283	304	1375	788	997	1348	519
24	物控部 汇总		5255	5336	2517	5014	3653	5077	5198	3897
25	销售部	差旅费	1491	1085	1205	658	759	317	917	477
26		电话费	946	825	793	1237	537	1390	506	513

图 2-59　得到的合并表

2.3.4　从汇总表再得到一维表

数据透视表有一个很强大的功能：快速制作明细表，双击单元格即可完成。

例如，对于如图 2-58 所示的报表，希望得到各部门、各项费用、各年、各季度的明细数据，也就是一个有 5 列数据的一维表。双击图 2-58 中的"总计"单元格，得到如图 2-60 所示的一维表，最后修改各列标题。

图 2-60　得到的一维表

2.4 关联表格的合并汇总

财务中很多表格是关联工作表，这就需要根据一个或多个关联字段进行关联汇总，可以使用函数公式（主要是查找函数）或者 Power Query 等，本节主要介绍如何使用函数公式进行关联工作表的汇总。

2.4.1 使用查找函数进行关联合并汇总

常用的函数有 VLOOKUP 函数、MATCH 函数、INDEX 函数等，以及其他的辅助函数。

图 2-61 有两个表：一个订单信息表和一个产品资料表，现在要把两个表合并为一个包含全部信息的总表。

图 2-61　示例数据

联合使用 VLOOKUP 函数和 MATCH 函数即可解决该问题，单元格 F2 中的公式如下,往右往下复制即可,如图 2-62 所示。

=VLOOKUP($C2,产品类别!$A$1:$E$13,MATCH(F$1,产品类别!$A$1:$E$1,0),0)

图 2-62 合并计算公式(实际上是数据查找公式)

2.4.2 使用汇总函数进行关联合并汇总

如果是多个关联字段的合并汇总,并且汇总的结果是数字,那么没必要使用查找函数设计数组公式,直接使用 SUMIF 函数或者 SUMPRODUT 函数就可以了。

图 2-63 是各月工资表,现在要求将各部门各月的社保金和公积金进行汇总。

目前是 6 个月,以后会增加 7 月份、8 月份等,因此要求能够自动汇总新增的月份数据。

图 2-63 各月工资表及要求的汇总表

这是一个根据指定条件，滚动汇总计算个数不定工作表的问题，可以联合使用 SUMIF 函数和 INDIRECT 函数，单元格 C2 和 C3 中的公式分别如下，汇总结果如图 2-64 所示。

单元格 C2 公式：

```
=IFERROR(SUMIF(INDIRECT(C$1&"!B:B"),$A2,INDIRECT(C$1&"!I:I")),"")
```

单元格 C3 公式：

```
=IFERROR(SUMIF(INDIRECT(C$1&"!B:B"),$A2,INDIRECT(C$1&"!J:J")),"")
```

C2 =IFERROR(SUMIF(INDIRECT(C$1&"!B:B"),$A2,INDIRECT(C$1&"!I:I")),"")

	A	B	C	D	E	F	G	H	I	J	K	L	M	N
1	部门	项目	1月	2月	3月	4月	5月	6月	7月	8月	9月	10月	11月	12月
2	办公室	社保金	922	1047	1213	953	1076	530						
3		公积金	1110	721	926	1014	780	1278						
4	综合部	社保金	1740	1389	820	1411	1103	1828						
5		公积金	1578	1618	1204	1193	569	1747						
6	财务部	社保金	2351	2333	2053	2454	2464	2596						
7		公积金	1146	2106	1747	1491	2222	1283						
8	营销部	社保金	2165	1833	1063	1147	1595	1418						
9		公积金	1612	1935	1959	1745	1383	848						
10														

图 2-64 汇总结果

如果工资表增加了，例如增加了 7 月份和 8 月份工资表，那么汇总表自动更新到 8 月份，如图 2-65 所示。

	A	B	C	D	E	F	G	H	I	J	K	L	M	N
1	部门	项目	1月	2月	3月	4月	5月	6月	7月	8月	9月	10月	11月	12月
2	办公室	社保金	922	1047	1213	953	1076	530	1330	1744				
3		公积金	1110	721	926	1014	780	1278	1445	1497				
4	综合部	社保金	1740	1389	820	1411	1103	1828	2553	1789				
5		公积金	1578	1618	1204	1193	569	1747	1814	1134				
6	财务部	社保金	2351	2333	2053	2454	2464	2596	3563	3335				
7		公积金	1146	2106	1747	1491	2222	1283	4798	3731				
8	营销部	社保金	2165	1833	1063	1147	1595	1418	1979	3093				
9		公积金	1612	1935	1959	1745	1383	848	3420	2993				
10														

汇总 | 1月 | 2月 | 3月 | 4月 | 5月 | 6月 | 7月 | 8月

图 2-65 工作表增加，自动更新汇总表

2.5 重要数据合并汇总的函数方法

在汇总当前工作簿的多个工作表数据时，可以使用很多函数来完成。不过，使用函数汇总，无法做并集合并（也就是将各工作表数据合并堆积到一起，列不变，行增加），只能提取每个工作表中所关心的重要数据。

具体使用什么函数，需要根据具体表格结构、具体汇总要求确定，有时候是查找满足条件的数据，有时候是加总满足条件的数据，前者一般使用查找引用函数，后者一般使用求和函数或计数函数，此外，还要配合，如逻辑判断、错误处理、文本处理、日期处理等其他函数。

2.5.1 使用查找引用函数汇总工作表

图 2-66 是各银行账户的日记账，现在要求制作每个银行账户的累计收入、累计支出和当前余额，如图 2-67 所示。

图 2-66　各银行账户的日记账

图 2-67　要求制作的汇总表

这样的汇总并不复杂，主要包括：
（1）提取各账户的期初余额，可以使用 VLOOKUP 函数。
（2）汇总各账户的累计收入和累计支出，可以使用 SUM 函数。
（3）提取各账户的当前余额，可以使用 LOOKUP 函数。

如果账户工作表很多，想做通用公式汇总，而不是一个工作表一个工作表来设计公式，可以使用 INDIRECT 函数间接引用。

针对这个例子，相关公式如下，结果如图 2-68 所示。
（1）各账户余额，单元格 C3 公式：

=INDIRECT(B3&"!H2")

（2）各账户的累计收入，单元格 D3 公式：

=SUM(INDIRECT(B3&"!F:F"))

（3）各账户的累计支出，单元格 E3 公式：

=SUM(INDIRECT(B3&"!G:G"))

（4）各账户的当前余额，单元格 F3 公式：

```
=LOOKUP(1,0/(INDIRECT(B3&"!H2:H1000")<>""),INDIRECT(B3&"!H2:H1000"))
```

账户	期初余额	累计收入	累计支出	当前余额
工行	14,067.57	47,500.97	27,156.32	34,412.22
招行	17,676.59	8,762.27	13,757.86	12,681.00
建行	942,191.02	6,343.23	13,269.34	935,264.91
浦发	738,579.65	39,574.12	4,959.87	773,193.90
农行	108,227.78	77,534.72	5,736.37	180,026.13

汇总 | 工行 | 招行 | 建行 | 浦发 | 农行

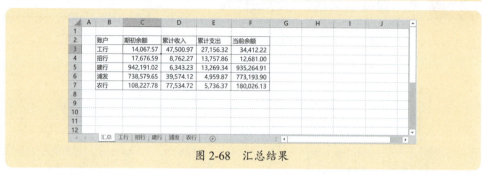

图 2-68　汇总结果

图 2-69 是另一个例子，也需要使用查找引用函数进行汇总。各门店每天的销售日报表，要求制作两个汇总报告，如图 2-70 所示。

报告 1：每天所有门店的销售总计。

报告 2：指定门店每天的销售统计。

门店	生鲜		杂货		百货		合计	
	销售额	毛利	销售额	毛利	销售额	毛利	销售额	毛利
门店01	55,370	6,620	107,064	11,413	34,521	5,795	196,955	23,829
门店02	38,914	5,117	40,385	4,994	11,010	1,857	90,309	11,967
门店03	4,980	768	15,979	2,143	2,578	567	23,537	3,478
门店04	22,351	1,968	22,421	2,932	7,112	1,306	51,884	6,206
门店05	31,419	5,025	55,706	6,799	25,909	4,703	113,035	16,527
门店06	7,467	746	4,582	649	780	129	12,828	1,525
门店07	13,311	1,124	14,156	1,870	6,175	1,075	33,642	4,069
门店08	10,700	1,195	8,153	1,054	1,382	219	20,235	2,468
门店09	7,401	771	7,018	835	1,010	191	15,430	1,797
门店10	7,118	725	8,512	1,277	2,983	795	18,613	2,797
门店11	1,051	213	3,477	479	441	70	4,969	762
门店12	1,957	122	4,655	552	562	110	7,174	784
门店13	1,846	114	1,511	205	538	46	3,894	365
门店14	330	23	1,124	146	199	33	1,653	202
门店15	5,723	683	12,235	1,358	4,425	844	22,382	2,886
门店16	508	96	1,432	178	351	100	2,291	373
门店17	18,497	1,920	33,752	3,424	9,386	1,642	61,635	6,986
门店18	36,903	4,332	34,630	3,694	12,434	2,244	83,966	10,270
门店19	14,806	1,673	33,484	3,754	10,691	1,848	58,981	7,276
门店20	28,698	2,771	35,304	-3,251	12,757	2,438	76,760	1,958
门店21	7,630	934	5,752	892	1,343	259	14,725	2,085
合计	316,978	36,941	451,333	45,397	146,587	26,271	914,898	108,610

汇总表 | 1日 | 2日 | 3日 | 4日 | 5日 | 6日 | 7日 | 8日 | 9日 | 10日 | 11日 | 12日 | 13日 | 14日 | 15日 | 16日 | ...

图 2-69　各门店销售日报表

报告1：各天总销售统计

日期	生鲜		杂货		百货		合计	
	销售额	毛利	销售额	毛利	销售额	毛利	销售额	毛利
1日								
2日								
3日								
4日								
5日								
6日								
7日								
8日								
9日								
10日								
11日								
12日								
13日								
14日								
15日								
16日								
17日								
18日								
19日								

报告2：指定门店，各天销售统计

指定门店：门店06

日期	生鲜		杂货		百货		合计	
	销售额	毛利	销售额	毛利	销售额	毛利	销售额	毛利
1日								
2日								
3日								
4日								
5日								
6日								
7日								
8日								
9日								
10日								
11日								
12日								
13日								
14日								
15日								
16日								
17日								
18日								
19日								

汇总表 | 1日 | 2日 | 3日 | 4日 | 5日 | 6日 | 7日 | 8日 | 9日 | 10日 | 11日 | 12日 | 13日 | 14日 | 15日 | 16日 | 17日 | 18日 | 19日 | 20日 | 21日 | 22日

图 2-70　需要制作的汇总表

这两个问题，其实都是查找数据问题：

第一个报告是从每天的工作表中查找底部的合计数，由于每个工作表的底部合计数在相同行，因此直接引用即可，也可以使用 VLOOKUP 函数提取合计数。

第二个报告是获取指定门店每天的数据，可以使用 VLOOKUP 函数。

此外，由于日报表有很多，我们不可能一个一个单元格做公式，需要使用 INDIRECT 函数做工作表的间接引用。这样就很容易做出两个报告的公式。

报告 1 如图 2-71 所示，单元格 C6 公式：

=IfERROR(VLOOKUP(" 合计 ",INDIRECT(汇总表 !$B6&"!A:I"),COLUMN(B1),0),"")

或者

=FERROR(INDIRECT($B6&"!R24C"&COLUMN(B1),FALSE),"")

比较一下这两个公式，前者实用性更广，因为是通过"合计"这个条件查找数据，因此没必要关注"合计"在哪一行；后者则是把"合计"固定在第 24 行，并且使用的是 R1C1 引用方式。

	A	B	C	D	E	F	G	H	I	J	K
1											
2		报告1：各天总销售统计									
3											
4		日期	生鲜		杂货		百货		合计		
5			销售额	毛利	销售额	毛利	销售额	毛利	销售额	毛利	
6		1日	316,978	36,941	451,333	45,397	146,587	26,271	914,898	108,610	
7		2日	226,160	26,005	347,345	40,796	126,780	22,225	700,285	89,026	
8		3日	197,181	23,512	300,493	33,580	110,268	19,399	607,941	76,491	
9		4日	165,313	20,194	209,404	23,689	89,224	15,336	463,941	59,219	
10		5日	165,722	19,317	186,209	21,723	68,880	12,237	420,812	53,277	
11		6日	165,197	19,425	200,695	23,190	75,948	13,534	441,840	56,148	
12		7日	167,890	19,347	210,973	24,581	82,220	14,855	461,082	58,784	
13		8日	212,843	19,987	216,656	26,242	89,448	15,928	518,947	62,157	
14		9日	221,547	21,166	260,847	30,701	95,569	17,014	577,962	68,881	
15		10日	241,536	23,204	297,767	35,819	107,027	18,938	646,330	77,961	
16		11日	232,526	20,335	289,309	33,338	111,190	19,529	633,025	73,203	
17		12日	179,383	15,336	208,023	23,824	76,579	13,622	463,985	52,781	
18		13日	163,976	15,120	218,514	24,073	85,672	14,555	468,162	53,749	
19		14日	165,494	17,053	216,158	24,316	75,539	13,449	457,192	54,818	
20		15日	171,550	18,401	220,923	24,991	74,842	13,274	467,315	56,665	
21		16日	220,988	20,763	300,824	31,685	92,382	15,953	614,194	68,401	
22		17日	242,569	24,136	327,266	33,047	118,949	20,322	688,785	77,505	
23		18日	220,103	21,170	322,734	34,661	115,614	19,353	658,450	75,185	
24		19日	221,547	21,166	260,847	30,701	95,569	17,014	577,962	68,881	

图 2-71 每天所有门店的销售统计汇总表

报告 2 如图 2-72 所示，单元格 M6 公式：

=IfERROR(VLOOKUP($M$3,INDIRECT(汇总表 !$B6&"!A:I"),COLUMN(B1),0),"")

不论是报告 1 还是报告 2，都需要使用两个最基本的函数：INDIRECT 和 IfERROR，前者用于间接引用每个工作表，以创建高效公式，后者用于处理找不到数据后的错误值。

报告2：指定门店，各天销售统计

指定门店：门店06

日期	生鲜		杂货		百货		合计	
	销售额	毛利	销售额	毛利	销售额	毛利	销售额	毛利
1日	7,467	746	4,582	649	780	129	12,828	1,525
2日	5,436	583	3,556	493	728	91	9,719	1,167
3日	5,841	673	4,546	643	779	139	11,165	1,455
4日	4,030	460	3,145	367	990	166	8,165	993
5日	4,850	507	3,091	436	1,128	144	9,070	1,086
6日	4,680	486	2,888	430	1,035	141	8,602	1,057
7日	5,183	538	2,909	483	922	169	9,014	1,190
8日	3,873	470	3,956	658	748	87	8,578	1,215
9日	4,465	379	3,311	328	695	118	8,471	825
10日	4,658	435	4,006	467	777	126	9,441	1,028
11日	5,754	669	3,223	417	912	141	9,888	1,227
12日	4,131	493	3,938	669	664	102	8,733	1,264
13日	4,575	477	3,494	386	677	87	8,746	950
14日	3,878	424	3,295	312	588	77	7,761	813
15日	4,096	482	3,554	581	705	112	8,355	1,175
16日	4,932	469	2,777	360	1,323	233	9,032	1,062
17日	6,074	651	3,619	424	937	161	10,630	1,236
18日	6,351	629	4,120	537	941	155	11,412	1,321
19日	4,465	379	3,311	328	695	118	8,471	825

汇总表 | 1日 | 2日 | 3日 | 4日 | 5日 | 6日 | 7日 | 8日 | 9日 | 10日 | 11日 | 12日 | 13日 | 14日 | 15日 | 16日

图 2-72 指定门店的每天销售统计表

图 2-73 是一个比较复杂的例子，原始数据是从系统导出的管理费用表，现在要求制作如图 2-74 所示的汇总表。

科目代码	科目名称	本期发生额
6602	管理费用	143,904.75
6602.4110	工资	72,424.62
	[01]总经办	8,323.24
	[02]人事行政部	12,327.29
	[03]财务部	11,362.25
	[04]采购部	9,960.67
	[05]生产部	12,660.18
	[06]信息部	10,864.87
	[07]贸易部	6,926.12
6602.4140	个人所得税	3,867.57
	[01]总经办	1,753.91
	[02]人事行政部	647.60
	[03]财务部	563.78
	[04]采购部	167.64
	[05]生产部	249.33
	[06]信息部	193.70
	[07]贸易部	291.61

预算 | 01月 | 02月 | 03月 | 04月 | 05月 | 06月 | 07月 | 08月

图 2-73 系统导出的各月数据

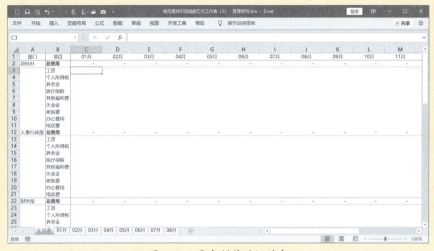

图 2-74 要求制作的汇总表

这个问题的难点是：在各月数据表中，部门和费用在一列，这样看起来就比较复杂。其实不尽然，仔细观察表格结构，我们可以通过 A 列是否为空，来判断 B 列的数据是部门名称还是费用名称。

不过，针对此例子，每月数据表的费用项目下面都是 7 个部门，因此可以使用 OFFSET 引用每项费用的数据区域，再用 VLOOKUP 函数提取数据。

以总经办 1 月份的各项费用为例，各单元格公式如下。

单元格 C3：

=IFERROR(VLOOKUP("*"&$A2,OFFSET(INDIRECT(C$1&"!B1"),MATCH($B3,INDIRECT(C$1&"!B2:B100"),0),,8,2),2,0),"")

单元格 C4：

=IFERROR(VLOOKUP("*"&$A2,OFFSET(INDIRECT(C$1&"!B1"),MATCH($B4,INDIRECT(C$1&"!B2:B100"),0),,8,2),2,0),"")

单元格 C5：

=IFERROR(VLOOKUP("*"&$A2,OFFSET(INDIRECT(C$1&"!B1"),MATCH($B5,INDIRECT(C$1&"!B2:B100"),0),,8,2),2,0),"")

单元格 C6：

=IFERROR(VLOOKUP("*"&$A2,OFFSET(INDIRECT(C$1&"!B1"),MATCH($B6,INDIRECT(C$1&"!B2:B100"),0),,8,2),2,0),"")

单元格 C7：

=IFERROR(VLOOKUP("*"&$A2,OFFSET(INDIRECT(C$1&"!B1"),MATCH($B7,INDIRECT(C$1&"!B2:B100"),0),,8,2),2,0),"")

单元格 C8：

=IFERROR(VLOOKUP("*"&$A2,OFFSET(INDIRECT(C$1&"!B1"),MATCH($B8,

INDIRECT(C$1&"!B2:B100"),0),,8,2),2,0),"")

单元格C9：

=IfERROR(VLOOKUP("*"&$A2,OFFSET(INDIRECT(C$1&"!B1"),MATCH($B9,INDIRECT(C$1&"!B2:B100"),0),,8,2),2,0),"")

单元格C10：

=IfERROR(VLOOKUP("*"&$A2,OFFSET(INDIRECT(C$1&"!B1"),MATCH($B10,INDIRECT(C$1&"!B2:B100"),0),,8,2),2,0),"")

单元格C11：

=IfERROR(VLOOKUP("*"&$A2,OFFSET(INDIRECT(C$1&"!B1"),MATCH($B11,INDIRECT(C$1&"!B2:B100"),0),,8,2),2,0),"")

其他各部门的公式可以复制得到。

公式看起来比较复杂，但核心是使用OFFSET函数获取每项费用下的数据区域，以及使用INDIRECT函数间接引用各工作表，而查找数据的具体工作，就交给VLOOKUP函数来完成。

2.5.2 使用分类汇总函数汇总工作表

在很多情况下，我们需要把每个工作表中满足条件的同类数据进行加总合计，此时就需要使用分类汇总函数SUMIF、SUMIFS或者SUMPRODUCT。

在2.4.2节中，介绍了一个这样的汇总例子。下面再介绍一个实用的例子。

图2-75是各地区的销售明细，现在要求制作如图2-76所示的汇总表，用来查看指定产品在各地区、各月的销售量。

图2-75 各地区的销售明细

图 2-76 要求的汇总表

这是一个两个条件的求和问题，唯一的难点是要计算月份，而月份在 A 列的日期中，因此，可以使用 TEXT 函数提取月份，用 SUMPRODUCT 函数进行求和。

单元格 C5 的公式如下，其他单元格公式通过复制得到：

=SUMPRODUCT(
　　(TEXT(INDIRECT(C$4&"!A2:A1000"),"m 月 ")=$B5)*1,
　　(INDIRECT(C$4&"!B2:B1000")=$C$2)*1,
　　INDIRECT(C$4&"!C2:C1000")
　　)

第 3 章

财务数据合并的 Power Query 方法

Power Query 作为本书的重点内容的一部分,本章将对如何使用 Power Query 合并汇总数据进行全方位的讲解和总结。

3.1 当前工作簿内的多个一维工作表汇总

不论是一维工作表，还是二维工作表；不论是工作表数据的并集汇总，还是关联汇总，使用 Power Query 都非常简单，只需要按照可视化的向导步骤操作，并配合相关菜单命令和 M 函数，即可快速完成工作表的合并汇总。

3.1.1 合并汇总当前工作簿内的多个一维工作表：列结构完全相同

如果要把多个一维表并集到一个新工作表上，也就是将它们的数据堆积到一起生成一个总的一维表，此时是最简单的情况。

例如，如图 3-1 所示的工作簿中有四个工作表，分别保存不同项目数据，现在要将其汇总到一个新工作表中。

图 3-1 当前工作簿内四个要汇总的工作表

步骤1 执行"数据"→"新建查询"→"从文件"→"从工作簿"命令，如图 3-2 所示。

图 3-2 "从工作簿"命令

步骤2 打开"导入数据"对话框，选择要合并汇总数据的工作簿，如图 3-3 所示。

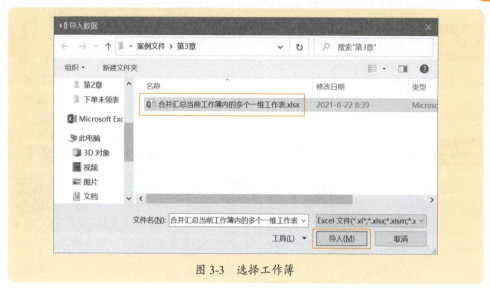

图 3-3　选择工作簿

> **步骤 3**　单击"导入"按钮,打开"导航器"对话框,由于要合并汇总工作簿内的所有工作表,因此在左侧的列表中选择顶部的工作簿名称,如图 3-4 所示。

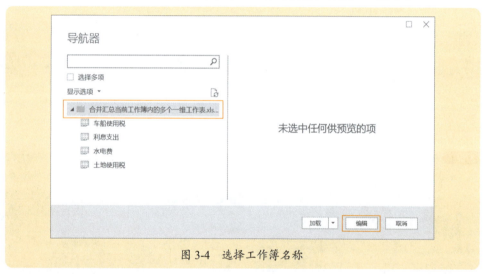

图 3-4　选择工作簿名称

> **步骤 4**　单击"编辑"按钮(注意,Excel 版本不同,这个命令按钮的名字也有所不同,有的版本是"转换数据"按钮),打开 Power Query 编辑器,如图 3-5 所示。

> **步骤 5**　选择右边的 3 列,在字段标题处右击,在弹出的快捷菜单中执行"删除列"命令,如图 3-6 所示,将右侧的 3 列删除,这 3 列数据是工作表的属性,与数据汇总没有关系。

> **步骤 6**　单击字段 Data 右侧的展开按钮,打开一个筛选窗口,保留默认选中的"展开"单选按钮,以及默认的所有列选择,取消选中"使用原始列名作为前缀"复选框,如图 3-7 所示。

图 3-5　Power Query 编辑器

图 3-6　删除选中的列

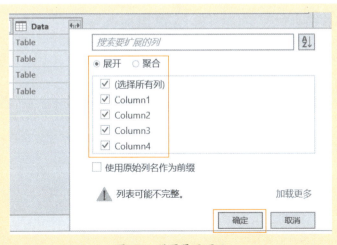

图 3-7　设置展开项目

步骤7 单击"确定"按钮,得到各工作表数据汇总,如图 3-8 所示。

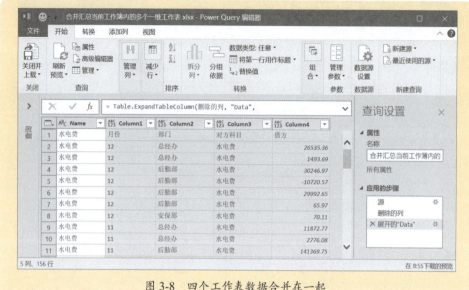

图 3-8　四个工作表数据合并在一起

步骤8 这种汇总是将各工作表包括标题在内的所有数据堆积汇总在一起,有几个工作表,就有几个标题,因此标题是重复的。

可以将第一个工作表的标题用作汇总表的标题,单击"将第一行用作标题"命令按钮,如图 3-9 所示。

步骤9 单击"将第一行用作标题"命令按钮后,就将第一个工作表的标题用作了合并标题,但是还有其他工作表的标题存在,因此需要将它们筛选掉,方法很简单,在某个容易筛选的字段中,取消标题筛选即可,如图 3-10 所示。

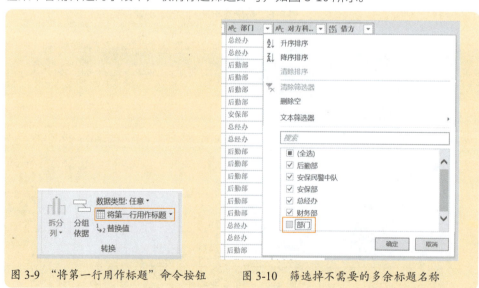

图 3-9　"将第一行用作标题"命令按钮　　图 3-10　筛选掉不需要的多余标题名称

这样就得到了如图 3-11 所示的汇总表。

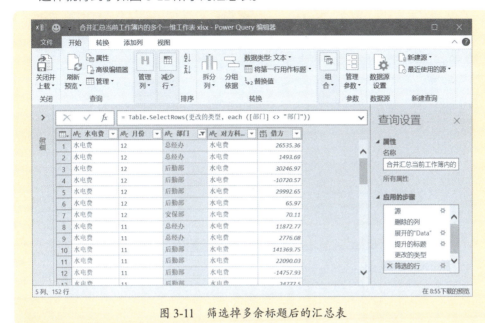

图 3-11　筛选掉多余标题后的汇总表

步骤10 将第一列默认的名称"水电费"修改为"项目"。

步骤11 将最后一列"借方"的数据类型设置为"小数"或者"货币",方法很简单,单击字段名称左侧的"数据类型"按钮 ,打开一个数据类型列表,选择"小数"或者"货币",如图 3-12 所示。

图 3-12　设置借方的数据类型为"小数"或者"货币"

步骤12 在右侧的"查询设置"中,将默认的查询名称(实际上是工作簿名称)重命名为"合并表",如图 3-13 所示。

步骤13 执行"文件"→"关闭并上载"命令,如图 3-14 所示,即可将查询表导出为 Excel 工作簿,并以一个新工作表保存,如图 3-15 所示。

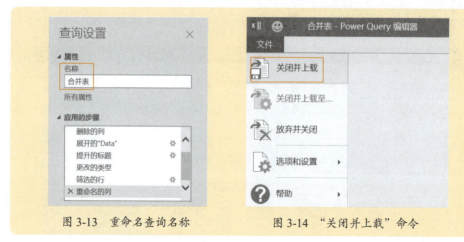

图 3-13 重命名查询名称　　　图 3-14 "关闭并上载"命令

图 3-15 得到的汇总表

3.1.2 合并汇总当前工作簿内的多个一维工作表：列结构不相同

所谓列结构不相同的一维工作表，是这些工作表的列数相同但列次序不同，或者列数有多有少，可以根据具体需求，使用追加查询的方法或者其他方法。

图 3-16 是一个简单示例，三个工作表，每个工作表的列顺序不一样，也有一些列仅存在于某个工作表中，现在要将这些工作表汇总到一起，并且将每个工作表的最后一列（备注、说明）合并为一列备注说明，还要有一个新字段，用于区分是哪个工作表。

图 3-16　示例数据

步骤 1　执行"数据"→"新建查询"→"从文件"→"从工作簿"命令,按步骤操作,进入导航器,然后选中"选择多项"复选框,并选择要汇总的工作表,如图 3-17 所示。

图 3-17　导航器设置

步骤 2　单击"编辑"按钮,打开 Power Query 编辑器,如图 3-18 所示。

图 3-18　Power Query 编辑器

步骤3 在左侧列表中，先选择"北京"，然后执行"添加列"→"自定义列"命令，如图3-19所示。

步骤4 打开"自定义列"对话框，输入新列名"城市"，自定义列公式为"="北京""，如图3-20所示。

图3-19 "自定义列"命令　　图3-20 插入自定义列"城市"

步骤5 单击"确定"按钮，就为表"北京"添加了一个自定义列"城市"，如图3-21所示。

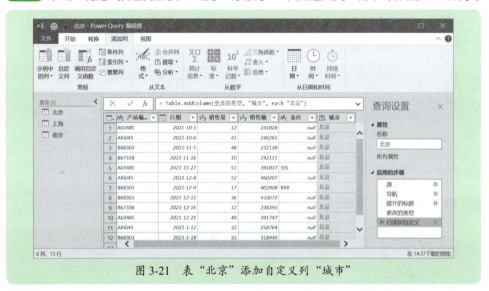

图3-21 表"北京"添加自定义列"城市"

步骤6 用同样的方法，为其他两个表添加自定义列"城市"，数据分别为该城市名，如图3-22和图3-23所示。

步骤7 执行"追加查询"→"将查询追加为新查询"命令，如图3-24所示。

步骤8 打开"追加"对话框，选择"三个或更多"，并将左侧要汇总的表添加到右侧的列表中，如图3-25所示。

步骤9 单击"确定"按钮，就创建了一个名为"Append1"的新查询，汇总三个工作表数据，并把相同名称的字段排在同一列，单独的字段分列保存，如图3-26所示。

步骤10 将要合并在一起的三个备注说明列，拖放至表格的最后，如图3-27所示。

步骤11 选择备注说明三列，执行"转换"→"合并列"命令，如图3-28所示。

步骤12 打开"合并列"对话框，输入新列名"备注说明"，分隔符选择"－－无－－"，如图3-29所示。

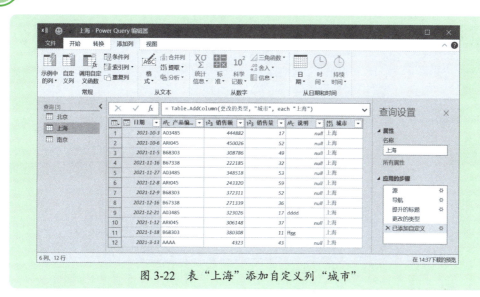

图 3-22 表"上海"添加自定义列"城市"

图 3-23 表"南京"添加自定义列"城市"

步骤13 单击"确定"按钮,就得到三列合并后的表,如图 3-30 所示。

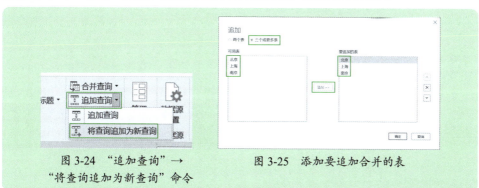

图 3-24 "追加查询"→
"将查询追加为新查询"命令

图 3-25 添加要追加合并的表

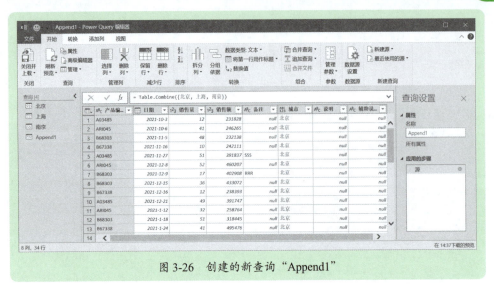

图 3-26 创建的新查询"Append1"

图 3-27 调整列位置

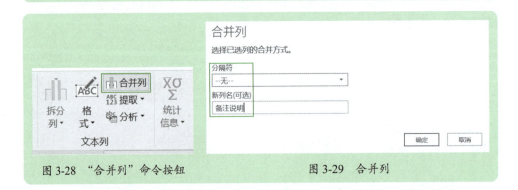

图 3-28 "合并列"命令按钮

图 3-29 合并列

图 3-30 合并备注说明列后的表

步骤14 在右侧的查询设置中,将默认的查询名"Append1"重命名为"合并表"。

步骤15 根据需要,重新设置各字段的数据类型。

步骤16 由于现在得到的是原始表和追加查询表,共 4 个查询表,因此不能直接使用"关闭并上载"命令,否则会将这 4 个查询表一起导出到 Excel 工作簿,而是使用"关闭并上载至"命令,如图 3-31 所示。

步骤17 在打开的"加载到"对话框中选中"仅创建连接"单选按钮,如图 3-32 所示。

图 3-31 "关闭并上载至"命令   图 3-32 选择"仅创建连接"

步骤18 关闭 Power Query 编辑器,返回 Excel,在工作表右侧出现"工作簿查询"窗格,列出了所有查询,如图 3-33 所示。

步骤19 对准查询"合并表",执行右键菜单的"加载到"命令,如图 3-34 所示。

步骤20 打开"加载到"对话框,选中"表"和"新建工作表"单选按钮,如图 3-35 所示。

步骤21 单击"确定"按钮,得到三个工作表的合并表,如图 3-36 所示。

图3-33 工作簿右侧出现的"工作簿查询"窗格　　图3-34 右键菜单的"加载到"命令

图3-35 选择"表"和"新建工作表"

产品编号	日期	销售量	销售额	城市	备注说明
B67338	2021-12-16	12	238393	北京	
A03485	2021-12-21	49	391747	北京	
ARI045	2021-1-12	32	258764	北京	
B68303	2021-1-18	51	318445	北京	
B67338	2021-1-24	41	495476	北京	
A03485	2021-10-3	17	444882	上海	
ARI045	2021-10-6	52	450026	上海	
B68303	2021-11-5	49	308786	上海	
B67338	2021-11-16	32	222185	上海	
A03485	2021-11-27	53	348518	上海	
ARI045	2021-12-8	59	243320	上海	
B68303	2021-12-9	52	372118	上海	
B67338	2021-12-16	36	271339	上海	
A03485	2021-1-22	17	323026	上海	dddd
ARI045	2021-1-12	37	306148	上海	
B68303	2021-1-18	11	380308	上海	ffgg
AAAA	2021-3-13	43	4323	上海	
ARI045	2021-10-6	50	292883	南京	aalf
B67338	2021-11-16	19	237337	南京	hll

图3-36 合并汇总表

3.1.3 将当前工作簿内的多个一维工作表合并为二维工作表

有时候需要的不仅是几个工作表的堆积汇总，而是要把这些工作表的数据，按照维度制作成二维汇总表，此时，可以使用 Power Query 的分组计算工具或者透视列工具。

例如，对于如图 3-37 所示的六个月工资表，希望直接得到一个包括各种合同类型、各月社保数据的汇总表，如图 3-38 所示。

	A	B	C	D	E	F	G	H	I	J	K	L
1	姓名	合同类型	基本工资	出勤工资	岗位津贴	福利津贴	应发工资	个人所得税	社保金	公积金	四金合计	实发工资
2	G001	合同工	8853.00	893.00	322.00	745.00	10813.00	607.60	337.00	312.00	649.00	9556.40
3	G002	合同工	11346.00	997.00	152.00	622.00	13117.00	1068.40	47.00	379.00	426.00	11622.60
4	G004	劳务工	4576.00	246.00	767.00	972.00	6561.00	51.10	243.00	262.00	505.00	6004.90
5	G005	劳务工	9886.00	420.00	382.00	953.00	11641.00	773.20	295.00	157.00	452.00	10415.80
6	G007	合同工	10719.00	882.00	268.00	230.00	12099.00	864.80	205.00	475.00	680.00	10554.20
7	G008	劳务工	9633.00	642.00	272.00	724.00	11271.00	699.20	492.00	33.00	525.00	10046.80
8	G009	合同工	6052.00	684.00	805.00	550.00	8091.00	204.10	450.00	356.00	806.00	7080.90
9	G010	劳务工	3673.00	351.00	455.00	578.00	5057.00	1.71	126.00	297.00	423.00	4632.29
10	G011	劳务工	9282.00	551.00	429.00	411.00	10673.00	579.60	467.00	417.00	884.00	9209.40
11	G014	合同工	6598.00	288.00	870.00	303.00	8059.00	200.90	481.00	444.00	925.00	6933.10
12	G015	合同工	7843.00	950.00	3.00	137.00	8933.00	288.30	31.00	11.00	42.00	8602.70
13	G016	合同工	3767.00	837.00	900.00	370.00	5874.00	26.22	458.00	33.00	491.00	5356.78
14	G017	劳务工	3596.00	815.00	612.00	660.00	5683.00	20.49	302.00	97.00	399.00	5263.51
15	G019	合同工	5843.00	54.00	531.00	156.00	6584.00	53.40	225.00	59.00	284.00	6246.60
16	G021	劳务工	10523.00	19.00	726.00	393.00	11661.00	777.20	475.00	26.00	501.00	10382.80
17	G022	劳务工	9540.00	695.00	383.00	871.00	11489.00	742.80	375.00	109.00	484.00	10262.20

1月 2月 3月 4月 5月 6月

图 3-37　六个月工资表

	ABC 月份	1.2 合同工	1.2 劳务工	1.2 合计
1	1月	3761	3417	7178
2	2月	1948	4654	6602
3	3月	3355	1794	5149
4	4月	3762	2203	5965
5	5月	3690	2548	6238
6	6月	3702	2670	6372

图 3-38　需要的合并表

这个合并汇总表的制作并不复杂，主要步骤如下。

步骤1 首先合并汇总 6 个工作表，得到如图 3-39 所示的查询表。

步骤2 单击"分组依据"按钮，如图 3-40 所示。

步骤3 打开"分组依据"对话框，选中"高级"单选按钮，然后添加一个分组，两个分组分别选择"月份"和"合同类型"，然后在底部输入新列名"社保"，操作选择"求和"，柱选择"社保金"，如图 3-41 所示。

步骤4 单击"确定"按钮，得到如图 3-42 所示的查询表。

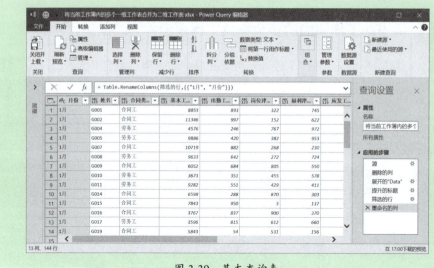

图 3-39 基本查询表

图 3-40 "分组依据"命令按钮　　　图 3-41 设置分组选项

图 3-42 分组后的查询表

🔵 步骤5 选择"合同类型"字段,执行"转换"→"透视列"命令,如图3-43所示。

图 3-43 "透视列"命令

🔵 步骤6 打开"透视列"对话框,在值列中选择"社保",在聚合值函数中选择"求和",如图3-44所示。

图 3-44 设置透视列选项

🔵 步骤7 单击"确定"按钮,得到如图3-45所示的包括各种合同类型、各月社保数据的汇总表。

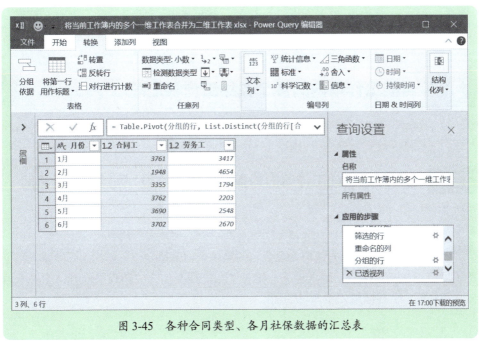

图 3-45 各种合同类型、各月社保数据的汇总表

步骤8 执行"自定义列"命令,打开"自定义列"对话框,输入新列名"合计",自定义列公式为"=[合同工]+[劳务工]",如图3-46所示。

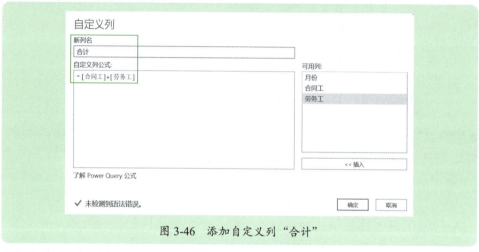

图 3-46 添加自定义列"合计"

步骤9 单击"确定"按钮,就得到如图3-38所示的汇总表。
步骤10 最后关闭Power Query编辑器,将结果导出到Excel工作表,如图3-47所示。

月份	合同工	劳务工	合计
1月	3761	3417	7178
2月	1948	4654	6602
3月	3355	1794	5149
4月	3762	2203	5965
5月	3690	2548	6238
6月	3702	2670	6372

图 3-47 导出汇总结果

3.2 当前工作簿内的多个二维工作表汇总

对于二维工作表,不论表格结构是否一样,都可以使用Power Query快速合并汇总,下面结合具体案例进行讲解。

3.2.1 合并汇总当前工作簿内的多个二维工作表:列结构完全相同

图3-48是一个简单的二维表格合并示例,现有3个二维工作表,结构完全一样,现在要将它们汇总到一个工作表上。

这种汇总方法与本章介绍的第一个案例是完全一样的,只需要把每个费用项目当成一个字段,就相当于一维表了,详细操作方法请观看视频,此处不再做文字介绍,合并结果如图3-49所示。

月份	福利费	水电费	差旅费	招待费	电话费
1月	669	519	900	1621	107
2月	786	1383	422	1646	345
3月	1849	200	282	1566	398
4月	1520	223	1617	1269	191
5月	439	476	779	854	183
6月	893	169	358	1117	262
7月	686	540	937	356	444
8月	266	812	1155	1047	239
9月	561	506	1964	1574	319
10月	1110	1931	901	561	202
11月	1960	994	1240	1042	225
12月	1099	1119	1962	741	471

月份	福利费	水电费	差旅费	招待费	电话费
1月	792	495	868	1993	290
2月	443	722	652	699	441
3月	726	1550	1559	1130	506
4月	1857	1249	1019	1188	629
5月	207	737	1372	991	646
6月	799	1294	1068	1079	525
7月	1081	1088	1444	616	587
8月	887	921	1104	1913	77
9月	1160	614	1265	1880	232
10月	958	1030	1201	1419	671
11月	1190	409	1857	275	27
12月	1152	546	1665	890	529

月份	福利费	水电费	差旅费	招待费	电话费
1月	667	1605	521	605	480
2月	538	175	600	180	1803
3月	314	750	543	668	1057
4月	983	1039	618	517	1474
5月	758	1261	314	205	783
6月	305	1448	554	992	1321
7月	1302	1027	1091	830	1255
8月	830	719	504	671	1257
9月	1096	610	866	616	211
10月	392	1112	362	944	789
11月	952	927	760	336	245
12月	268	469	771	494	1348

图 3-48 示例数据

财务部	月份	福利费	水电费	差旅费	招待费	电话费
财务部	1月	669	519	900	1621	107
财务部	2月	786	1383	422	1646	345
财务部	3月	1849	200	282	1566	398
财务部	4月	1520	223	1617	1269	191
财务部	5月	439	476	779	854	183
财务部	6月	893	169	358	1117	262
财务部	7月	686	540	937	356	444
财务部	8月	266	812	1155	1047	239
财务部	9月	561	506	1964	1574	319
财务部	10月	1110	1931	901	561	202
财务部	11月	1960	994	1240	1042	225
财务部	12月	1099	1119	1962	741	471
销售部	1月	792	495	868	1993	290
销售部	2月	443	722	652	699	441
销售部	3月	726	1550	1559	1130	506
销售部	4月	1857	1249	1019	1188	629
销售部	5月	207	737	1372	991	646
销售部	6月	799	1294	1068	1079	525

图 3-49 汇总结果

3.2.2 合并汇总当前工作簿内的多个二维工作表：列结构不相同

如果要合并的二维表列结构不同，此时需要使用追加查询的方法进行合并。

例如，对于如图 3-50 所示的三个二维表，列顺序及列数并不相同，下面讲解如何将它们按照费用项目归位汇总。

月份	水电费	福利费	差旅费	招待费	电话费
1月	519	669	900	1621	107
2月	1383	786	422	1646	345
3月	200	1849	282	1566	398
4月	223	1520	1617	1269	191
5月	476	439	779	854	183
6月	169	893	358	1117	262
7月	540	686	937	356	444
8月	812	266	1155	1047	239
9月	506	561	1964	1574	319
10月	1931	1110	901	561	202
11月	994	1960	1240	1042	225
12月	1119	1099	1962	741	471

月份	差旅费	招待费	水电费	租金	福利费	车辆费
1月	868	1993	495	1730	792	290
2月	652	699	722	322	443	441
3月	1559	1130	1550	868	726	506
4月	1019	1188	1249	1027	1857	629
5月	1372	991	737	214	207	646
6月	1068	1079	1294	1355	799	525
7月	1444	616	1088	1392	1081	587
8月	1104	1913	921	303	887	77
9月	1265	1880	614	366	1160	232
10月	1201	1419	1030	1248	958	671
11月	1857	275	409	950	1190	27
12月	1665	890	546	1639	1152	529

月份	福利费	差旅费	仓储费	维修费	水电费	招待费	损耗费
1月	667	1605	521	605	480	185	43
2月	538	175	600	180	1803	1144	145
3月	314	750	543	668	1057	781	7
4月	983	1039	618	517	1474	1979	76
5月	758	1261	314	205	783	1617	23
6月	305	1448	554	992	1321	525	71
7月	1302	1027	1091	830	1255	1518	89
8月	830	719	504	671	1257	663	134
9月	1096	610	866	616	211	104	98
10月	392	1112	362	944	789	1723	34
11月	952	927	760	336	245	1921	38
12月	268	469	771	494	1348	1841	98

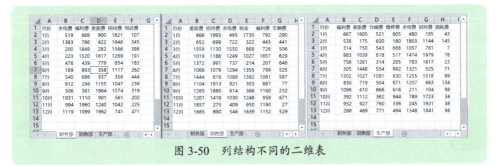

图 3-50 列结构不同的二维表

步骤1 首先执行"从工作簿"命令,建立基本查询,在导航器对话框中勾选"选择多项"复选框,并勾选各工作表复选框,如图 3-51 所示。

图 3-51　勾选各工作表复选框

步骤2 进入 Power Query 编辑器,然后对三个表分别添加一个自定义字段"部门",例如,财务部的自定义字段如图 3-52 所示。

图 3-52　添加自定义字段"部门"

步骤3 执行"将查询追加到新查询"命令,添加要追加查询的表,如图 3-53 所示。

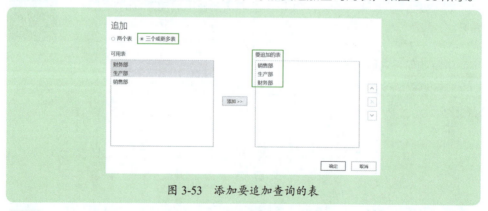

图 3-53　添加要追加查询的表

步骤4 单击"确定"按钮,就得到了几个工作表的合并表,如图 3-54 所示,然后调整字段"部门"的位置，并将默认查询名称"Append1"重命名为"合并表"。

图 3-54　几个二维表的合并表

步骤 5　先将查询加载为"仅创建连接"，然后再单独加载合并表，就在 Excel 上得到了如图 3-55 所示的合并表。

图 3-55　合并表

3.2.3 将多个二维工作表合并为一维工作表

为了能够灵活分析数据，在汇总二维表时，我们还可以一并将合并结果转换为一维表，这就需要用到 Power Query 的逆透视列功能。

例如，在 3.2.2 节的例子中，尽管得到了各部门的汇总表，但是仍不便于分析数据，此时，在 Power Query 编辑器中，可以先选择右侧的项目列，执行"转换"→"逆透视列"命令,或者使用右键快捷菜单中的"逆透视列"命令,如图 3-56 和图 3-57 所示。

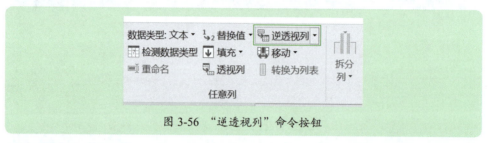

图 3-56 "逆透视列"命令按钮

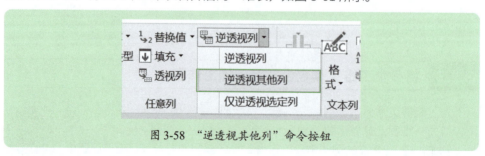

图 3-57 右键快捷菜单中的"逆透视列"命令

也可以先选择不要逆透视的列(本例中就是前两列),执行"转换"→"逆透视其他列"命令,或者右键快捷菜单中的"逆透视其他列"命令,如图 3-58 和图 3-59 所示。这样就得到了如图 3-60 所示的一维表。

最后将默认的列标题"属性"改为"项目",将"值"改为"金额",并导出到 Excel 工作表,得到几个二维表合并后的一维表,如图 3-61 所示。

图 3-58 "逆透视其他列"命令按钮

图 3-59　右键快捷菜单中的"逆透视其他列"命令

图 3-60　"逆透视列"命令得到的一维表

图 3-61　多个二维表合并成的一维表

3.3 特殊情况下的工作表汇总

前面介绍了利用 Power Query 合并汇总一维表和二维表的常见应用及操作方法和步骤，下面再介绍几个其他的应用，例如，仅对指定的几个工作表进行合并；对几个关联工作表进行合并；对有合并单元格标题的工作表进行合并，等等。

3.3.1 合并汇总当前工作簿内指定的几个工作表

如果工作簿内有很多工作表，但是我们仅仅需要合并其中指定的几个工作表，此时就需要使用 Power Query 的追加查询了，这种方法在 3.2 节做过详细介绍。

例如，如图 3-62 所示的工作簿中，我们仅仅要将"华北""华南""华东"和"华中"4 个工作表进行合并，主要步骤如下。

图 3-62　示例数据

步骤1 首先建立查询，在导航器中选择要汇总的几个工作表，如图 3-63 所示。

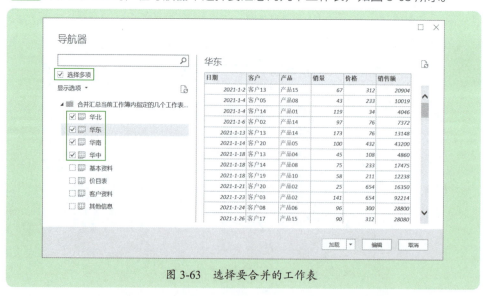

图 3-63　选择要合并的工作表

步骤2 为每个表添加自定义列"地区"，表示每个地区的名字。

步骤3 执行"追加查询"命令，选择要追加的工作表，如图 3-64 所示。

图 3-64　选择要追加的工作表

步骤4 得到的合并表如图 3-65 所示。

图 3-65　指定工作表的合并表

步骤5 最后导出数据到 Excel，就完成了几个指定工作表的数据汇总，如图 3-66 所示。

图 3-66　几个指定工作表的数据汇总

3.3.2 合并汇总当前工作簿内的多个关联工作表

如果要汇总的几个工作表是通过一个或几个字段关联，现在要将这几个工作表的数据合并汇总成为一个包含所有字段信息的总表，此时可以使用合并计算功能。

图 3-67 中有三个工作表，分别保存订单信息、产品资料和业务员信息，下面把这三个表中的数据合并汇总到一个工作表上。

其中产品资料与订单信息是通过产品编码或产品名称关联的，业务员信息与订单信息是通过客户名称关联的。

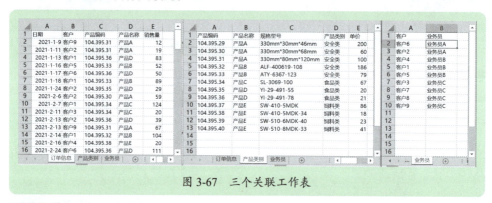

图 3-67 三个关联工作表

步骤 1 执行"从工作簿"命令，在导航器中选择各工作表，如图 3-68 所示。

图 3-68 选择各工作表

步骤 2 打开 Power Query 编辑器，如图 3-69 所示，切换每个表，检查表格是否有问题，例如，第一行是否是标题，字段数据类型是否正确，等等，并进行相应设置。

图 3-69　Power Query 编辑器中检查并设置每个表

步骤3 在"开始"选项卡中执行"将查询合并为新查询"命令，如图 3-70 所示。

步骤4 打开"合并"对话框，在上下两个下拉列表中，分别选择"订单信息"和"产品类别"，并分别选择两个表的"产品编码"用于关联，在底部的连接种类中选择"左外部 (第一个中的所有行，第二个中的匹配行)"，如图 3-71 所示。

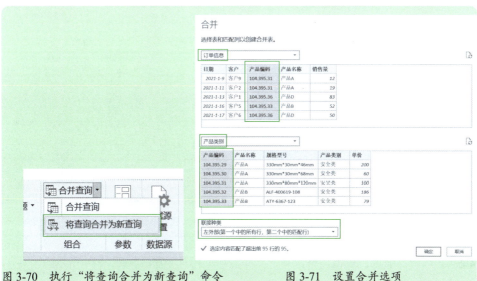

图 3-70　执行"将查询合并为新查询"命令　　　图 3-71　设置合并选项

步骤5 单击"确定"按钮，得到一个新查询"Merge1"，如图 3-72 所示。

图 3-72　合并的新查询"Merge1"

步骤6 单击字段"产品类别"标题右侧的展开按钮，展开"产品类别"表的筛选窗格，选择需要保留的字段，取消选中"使用原始列名作为前缀"复选框，如图 3-73 所示。

图 3-73　选择"产品类别"表中要保留的字段

步骤7 单击"确定"按钮，就得到了产品资料的相关字段，如图 3-74 所示。

图 3-74 订单信息和产品资料的合并表

> 步骤8 执行图 3-70 中的"合并计算"命令，打开"合并"对话框，分别选择刚得到的合并表和业务员表，选择"客户"作为关联字段，连接种类仍选择"左外部（第一个中的所有行，第二个中的匹配行）"，如图 3-75 所示。

图 3-75 设置合并选项

> 步骤9 单击"确定"按钮，得到如图 3-76 所示的合并表。

图 3-76 合并表

步骤10 单击字段"业务员"标题右侧的展开按钮，展开筛选窗格，选择需要保留的字段"业务员"，取消选中"使用原始列名作为前缀"复选框，如图 3-77 所示。

图 3-77 选择要保留的字段"业务员"

步骤11 单击"确定"按钮，得到如图 3-78 所示的合并表。
步骤12 执行"自定义列"命令按钮，插入一个自定义列"销售额"，计算公式为"[销售量]*[单价]"，如图 3-79 所示。

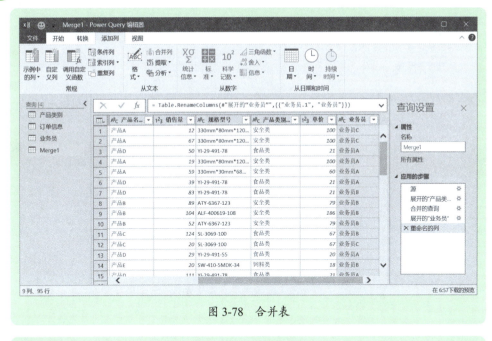

图 3-78 合并表

图 3-79 添加自定义列"销售额"

🔸步骤13 修改某些字段名称，调整各列次序，修改查询名称"Merge1"为"销售总流水"，得到三个表格的合并表，如图 3-80 所示。

🔸步骤14 最后，将查询上载为"仅创建连接"，然后把"销售总流水"单独导出到 Excel 工作表，就得到我们需要的汇总表，如图 3-81 所示。

图 3-80　得到三个表的合并表

图 3-81　最终的合并汇总表

3.3.3　工作簿内工作表个数不定的情况

在某些情况下，工作簿内要汇总的工作表并不是固定的几个，而是不断增加的。例如，当前月份是 8 月份，工作簿内已经有了 7 个月的数据（7 个工作表），如果 8 月份的数据工作表增加进来，如何自动将新增加的 8 月份的数据添加到汇总表中？

这种情况我们仍然采用"从工作簿"命令来进行汇总，不过需要注意以下几个问题：①要先建立一个汇总工作表，以便保存合并数据；②合并表的标题提升（或修改），这涉及每个工作表名称的规范命名。下面举例说明。

图 3-82 是一个汇总各月工资数据的例子，现在要求将各月工资合并汇总到一个新工作表中，并且在新增工资表后，能够一键刷新，将新增月份的工资数据自动添加到汇总表中。

图 3-82 示例数据

步骤1 首先插入一个新工作表，重命名为"汇总表"，该表准备保存各月工资表的汇总数据。

步骤2 为了能够实现自动刷新，并不会出现刷新错误，将各月工作表的名称重命名为"01月""02月"……，如图 3-83 所示。

这么做的目的，是为了确保在查询中，各工作表按照正常月份顺序排列，这样就不用一个一个标题来修改，只需提升第一个工作表标题作为合并表的标题。

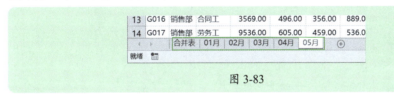

图 3-83

步骤3 执行"从工作簿"命令，打开导航器，选择工作簿名称，如图 3-84 所示。

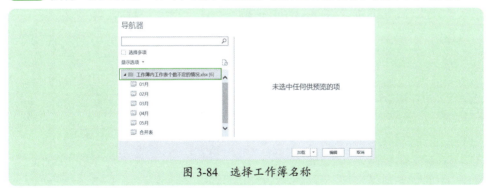

图 3-84 选择工作簿名称

⚠ 说明：

尽管选择工作簿名称，就意味着选择了该工作簿内的所有工作表，但可以通过筛选操作，将"合并表"排除在外。

步骤4 单击"确定"按钮，打开 Power Query 编辑器，然后从第一列的 Name 中取消选中"合并表"复选框,以及从 Kind 中仅仅选中 Sheet 复选框,分别如图 3-85 和图 3-86 所示。

之所以要从 Kind 中仅仅选择 Sheet,是因为我们可能对表格做筛选、定义名称等,这样的设置是要将这些不需要汇总的东西剔除出去。

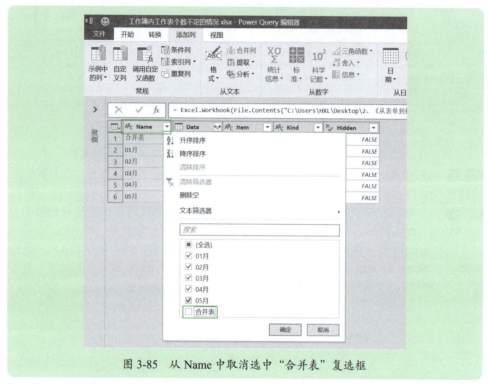

图 3-85　从 Name 中取消选中"合并表"复选框

图 3-86　在 Kind 中仅仅选择 Sheet 复选框

步骤5 单击"确定"按钮,得到如图 3-87 所示的需要合并的各月工作表。

图 3-87 筛选掉不需要参与合并的工作表

步骤6 按照前面介绍的方法,删除不必要的列,展开字段,提升标题,筛选掉多余的标题,修改字段名称,设置数据类型,重命名查询名称,等等,就得到了各月工资的合并表,如图 3-88 所示。

图 3-88 得到的各月工资汇总表

步骤7 执行"关闭并上载至"命令,打开"加载到"对话框,选中"表"和"现有工作表"单选按钮,如图 3-89 所示。

Excel 财务数据合并与分析建模案例视频精讲

步骤8 然后单击现有工作表输入框右侧的范围选择按钮，打开"范围选择"对话框，选择合并表的单元格 A1，如图 3-90 所示。

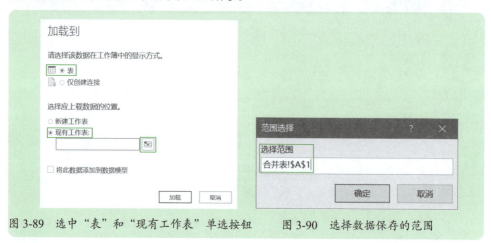

图 3-89　选中"表"和"现有工作表"单选按钮　　图 3-90　选择数据保存的范围

步骤9 单击"确定"按钮，返回"加载到"对话框，再单击"加载"按钮，将合并结果导入"合并表"中，如图 3-91 所示。

图 3-91　得到的合并表

如果增加了一个新的月份工作表，只需先保存工作簿，在合并表数据区域内或查询名称处右击，在弹出的快捷菜单中选择"刷新"命令，即可将新增工作表数据添加到合并表中。

3.3.4　有合并单元格标题的情况工作表处理

很多情况下，每个工作表有合并单元格的多行表头，此时，如何将它们进行汇总，同时生成能够建模的一维表呢？

图 3-92 所示是 12 个工作表，保存每个月的各门店销售统计数据，但是有多行标题，并且有合并单元格。

门店	生鲜		杂货		百货		合计	
	销售额	毛利	销售额	毛利	销售额	毛利	销售额	毛利
门店01	27,332	3,345	38,869	4,160	13,856	2,347	80,057	9,852
门店02	20,489	2,815	20,309	2,385	7,117	1,233	47,915	6,433
门店03	3,400	579	10,242	1,411	2,157	530	15,799	2,519
门店04	11,630	1,247	11,099	1,323	4,174	694	26,903	3,264
门店05	15,211	2,326	28,902	3,624	13,612	2,487	57,725	8,437
门店06	4,680	486	2,888	430	1,035	141	8,602	1,057
门店07	8,347	792	8,136	968	3,694	678	20,177	2,438
门店08	6,178	771	4,271	506	1,335	232	11,784	1,509
门店09	5,298	518	2,255	336	941	137	8,494	991
门店10	7,154	796	5,255	691	2,818	662	15,226	2,149
门店11	1,069	156	2,863	412	401	81	4,333	650
门店12	1,274	158	2,336	224	206	33	3,816	415
门店13	1,296	11	1,003	137	445	71	2,744	219
门店14	476	42	888	70	215	25	1,578	137
门店15	3,518	379	5,016	579	2,012	412	10,546	1,371
门店16	635	96	777	112	82	18	1,494	226
门店17	8,639	1,005	12,395	1,103	3,747	600	24,781	2,708
门店18	18,532	1,886	20,027	2,197	7,981	1,362	46,539	5,444
门店19	7,568	755	11,848	1,308	5,749	959	25,166	3,021
门店20	8,742	847	8,917	924	3,903	738	21,562	2,509

1月 2月 3月 4月 5月 6月 7月 8月 9月 10月 11月 12月

图 3-92　每个工作表有合并单元格的多行标题

现在的任务是要将 12 个工作表汇总为如图 3-93 所示的一维表。

月份	门店	类别	销售额	毛利
10月	门店01	杂货	69644.29	8762.52
10月	门店01	生鲜	41365.63	4086.09
10月	门店01	百货	21273.1	3768.03
10月	门店02	杂货	29740.96	3253.8
10月	门店02	生鲜	32765.96	3482.91
10月	门店02	百货	9985.98	1594.02
10月	门店03	杂货	12193.19	1534.67
10月	门店03	生鲜	4212	698.9
10月	门店03	百货	2564.2	524.26
10月	门店04	杂货	17546.93	2324.87
10月	门店04	生鲜	15605.6	1222.86
10月	门店04	百货	6875.59	1099.88
10月	门店05	杂货	47679.41	6010.53
10月	门店05	生鲜	24372.95	2849.84
10月	门店05	百货	22382.86	4123.6
10月	门店06	杂货	4006.1	467.32
10月	门店06	生鲜	4658.1	435.11
10月	门店06	百货	776.89	125.77
10月	门店07	杂货	9264.7	1124.97
10月	门店07	生鲜	12759.3	1022.83
10月	门店07	百货	5158.64	858.4

1月 2月 3月 4月 5月 6月 7月 8月 9月

图 3-93　合并后的一维表

合并以及数据整理的详细步骤如下。

步骤1 执行"从工作簿"命令，打开导航器，选择工作簿，如图 3-94 所示。

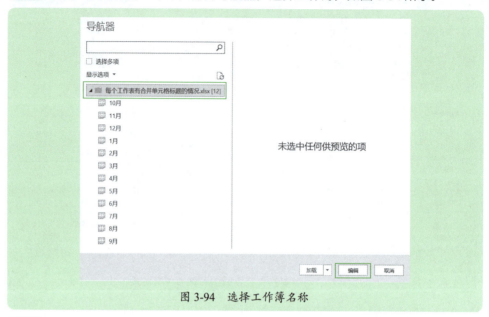

图 3-94　选择工作簿名称

步骤2 单击"编辑"按钮，打开 Power Query 编辑器，如图 3-95 所示。

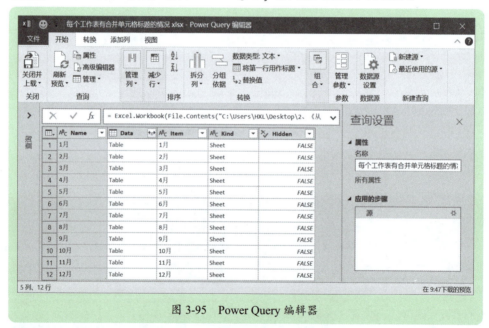

图 3-95　Power Query 编辑器

步骤3 保留前两列，删除后面的三列，如图 3-96 所示。
步骤4 单击 Data 右侧的展开按钮，选择所有列，展开表格，如图 3-97 所示。
步骤5 执行"转换"→"转置"命令，如图 3-98 所示，将表进行转置，如图 3-99 所示。

图 3-96　删除右侧的三列数据

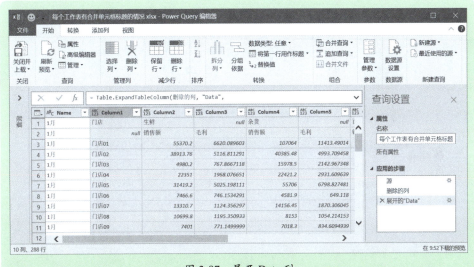

图 3-97　展开 Data 列

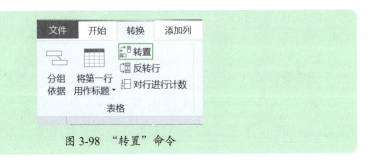

图 3-98　"转置"命令

图 3-99　转置后的表

> **步骤6**　选择第一列，执行"转换"→"向下填充"命令，如图 3-100 所示，将第一列的 null 值填充为上一个单元格数据，如图 3-101 所示。

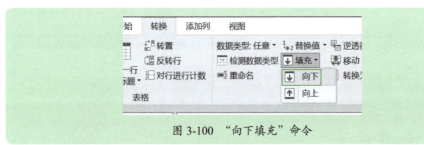

图 3-100　"向下填充"命令

图 3-101　第一列填充后的表

> **步骤7**　选择第一列和第二列，执行"转换"→"合并列"命令，如图 3-102 所示，打开"合

并列"对话框，分隔符选择"空格"，如图3-103所示。

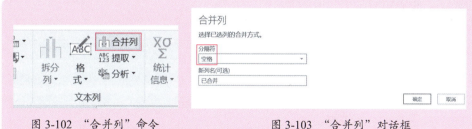

图3-102 "合并列"命令　　　　图3-103 "合并列"对话框

步骤8 单击"确定"按钮，得到如图3-104所示的表。

图3-104 合并两列后的表

步骤9 再执行"转置"命令，得到如图3-105所示的表。

图3-105 再次转置后的表

步骤10 单击"将第一行用作标题"按钮,提升标题,并删除自动增加的操作"更改的类型",得到如图 3-106 所示的表。

步骤11 选择前两列,执行右键快捷菜单中的"逆透视其他列"命令,或者选择第三列开始的后面各列,执行右键快捷菜单中的"逆透视列"命令,得到如图 3-107 所示的表。

步骤12 选择第三列"属性",执行"拆分列"→"按分隔符"命令,如图 3-108 所示,打开"按分隔符拆分列"对话框,选择"空格"分隔符,并选中"每次出现分隔符时"单选按钮,如图 3-109 所示。

图 3-106 提升标题后的表

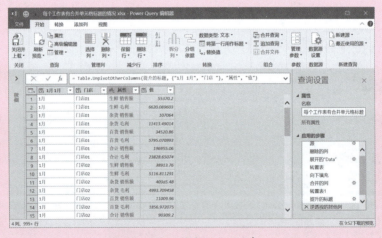

图 3-107 逆透视列后的表

步骤13 单击"确定"按钮,得到拆分列后的表,如图 3-110 所示。

步骤14 由于是 12 个工作表的汇总,因此这个表中还有其他工作表的标题,必须筛选掉(同时也筛选掉合计,因为需要得到的是一维表),在某个字段中筛选即可,如图 3-111 所示。

图 3-108 "按分隔符"命令　　图 3-109 "按分隔符拆分列"对话框

图 3-110 拆分列后的表

图 3-111 筛选掉垃圾数据

步骤15 选择"属性.2"列,执行"透视列"命令,打开"透视列"对话框,值列选择字段"值",在高级选项中,聚合值函数选择"求和",如图 3-112 所示。

步骤16 单击"确定"按钮,得到如图 3-113 所示的表。

图 3-112　设置透视列选项

图 3-113　执行"透视列"命令后的表

步骤17 修改有关字段名称及查询名称,筛选掉类别中的合计,得到如图 3-114 所示的表。

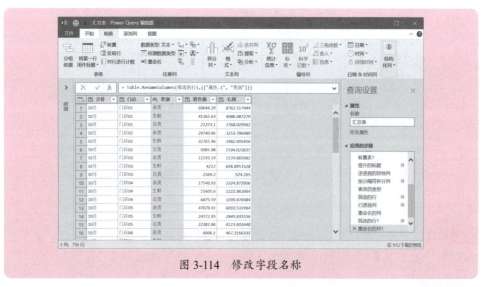

图 3-114　修改字段名称

步骤18 最后将数据导出到 Excel 工作表，就得到需要的合并表。

3.3.5 在不打开工作簿的情况下进行汇总

其实，执行"从工作簿"命令，就可以在不打开工作簿的情况下，对指定工作簿内的工作表进行合并汇总，方法与前面介绍的完全一样，此处不再赘述。

3.4 多个工作簿内的多个工作表汇总

前面介绍的是合并汇总一个工作簿内的工作表，如果数据源是多个工作簿呢？此时，也可以使用 Power Query 快速合并，只需要使用一个 Excel.Workbook 函数，或者直接使用合并命令即可。

汇总这些工作簿时，需要将它们保存在一个文件夹里。

3.4.1 每个工作簿只有一个工作表的情况

图 3-115 是一个典型的案例，在文件夹里保存 4 个分公司的销售报表，现在要将这些工作簿日报表数据汇总到一个新工作簿中。

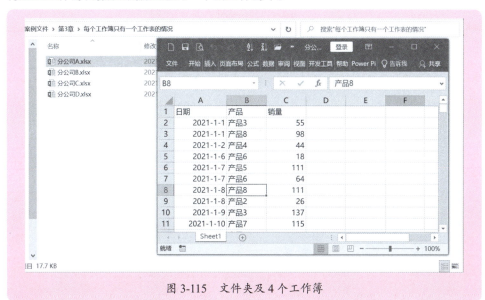

图 3-115　文件夹及 4 个工作簿

步骤1 新建一个 Excel 工作簿。
步骤2 执行"新建查询"→"从文件"→"从文件夹"命令，如图 3-116 所示。
步骤3 打开"文件夹"对话框，单击对话框上的"浏览"按钮，选择源工作簿所在的文件夹，如图 3-117 所示。
步骤4 单击"确定"按钮，打开一个文件浏览窗口，如图 3-118 所示。
步骤5 执行"组合"→"合并和编辑"命令，如图 3-119 所示。

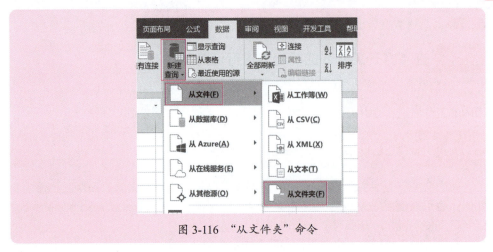

图 3-116 "从文件夹"命令

图 3-117 选择文件夹

图 3-118 文件浏览窗口

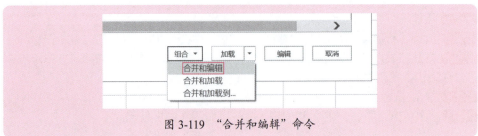

图 3-119 "合并和编辑"命令

步骤6 打开"合并文件"对话框,由于每个工作簿只有一个文件,因此选择第一个文件的工作表"Sheet1",如图 3-120 所示。

图 3-120　选择要合并的工作表

步骤7 单击"确定"按钮,打开 Power Query 编辑器,如图 3-121 所示,4 个工作簿数据已经自动合并汇总在一起了。

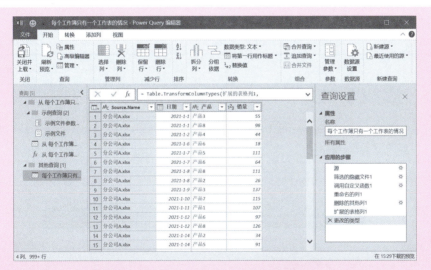

图 3-121　四个分公司的工作簿数据合并在了一起

步骤8 选择第一列,执行"转换"→"替换值"命令,如图 3-122 所示,打开"替换值"对话框,在要查找的值输入框中输入".xlsx",替换为空值,如图 3-123 所示。

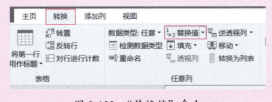

图 3-122　"替换值"命令

图 3-123 将工作簿扩展名 ".xlsx" 替换为空值

步骤9 单击"确定"按钮，就得到了分公司的名称，如图 3-124 所示。

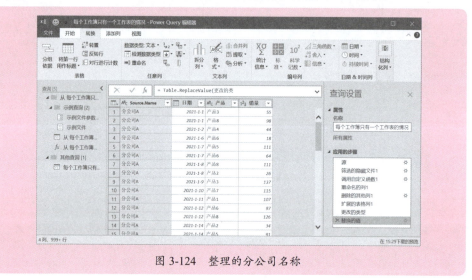

图 3-124 整理的分公司名称

步骤10 最后修改字段名称和查询名称，并将数据导出到 Excel 工作表，得到 4 个分公司销售合并表，如图 3-125 所示。

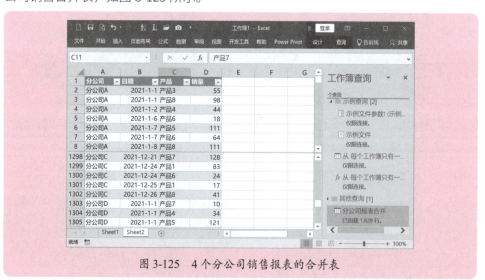

图 3-125 4 个分公司销售报表的合并表

3.4.2 每个工作簿有多个工作表的情况

前面的例子比较简单,每个工作簿里只有一个要汇总的工作表。在实际工作中,每个工作簿中可能有多个工作表,这些工作簿内的工作表有多有少,此时,使用 Excel.Workbook 函数是最简单的方法。

图 3-126 是文件夹里的 4 个分公司工作簿,每个工作簿有两个工作表,分别是两年销售统计报表。现在的任务是,将 4 个分公司工作簿中的 8(4*2)个工作表数据合并到一个工作表中,并转换为一个一维表,以便于后期进行分析。

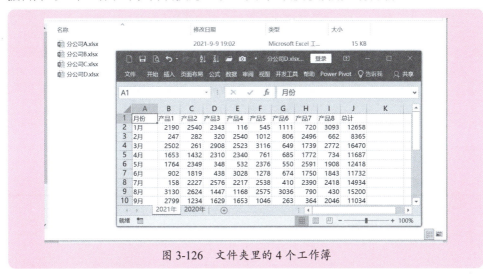

图 3-126　文件夹里的 4 个工作簿

步骤1 新建一个工作簿。

步骤2 执行"从文件夹"命令,选择该文件夹,然后在打开的浏览对话框中,单击"编辑"按钮,如图 3-127 所示。

图 3-127　单击"编辑"按钮

步骤3 打开 Power Query 编辑器，如图 3-128 所示。

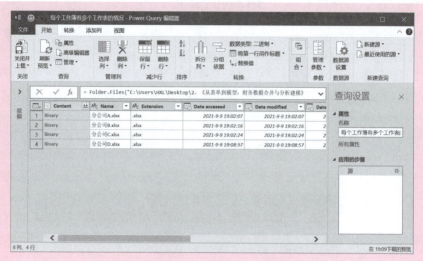

图 3-128 Power Query 编辑器

步骤4 保留最左边的两列，删除其他各列，如图 3-129 所示。

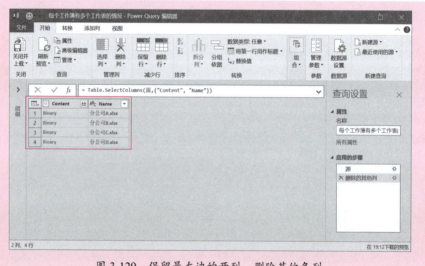

图 3-129 保留最左边的两列，删除其他各列

步骤5 执行"添加列"→"自定义列"命令，打开"自定义列"对话框，输入下面的自定义列公式，如图 3-130 所示。

= Excel.Workbook([Content])

步骤6 单击"确定"按钮，得到了一个自定义列"自定义"，如图 3-131 所示。

步骤7 单击自定义列标题右侧的展开按钮，展开筛选窗格，选中 Name（表示每个工作表名称，也就是年份）和 Data（每个工作表中的数据）复选框，并取消选中其他项目复选框，如图 3-132 所示。

图 3-130　添加自定义列

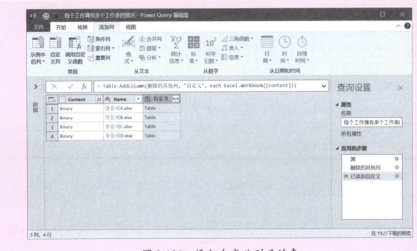

图 3-131　添加自定义列后的表

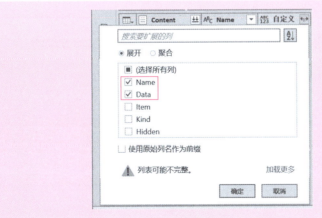

图 3-132　选择 "Name" 和 "Data"

步骤8　单击 "确定" 按钮，得到如图 3-133 所示的表。

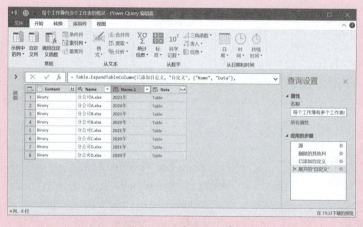

图 3-133　展开后的表

步骤 9　删除 Content 列,然后展开 Data 列,选择所有字段,如图 3-134 所示,得到如图 3-135 所示的表。这个表就是 4 个工作簿中的 8 个工作表的合并表。

图 3-134　选择所有字段

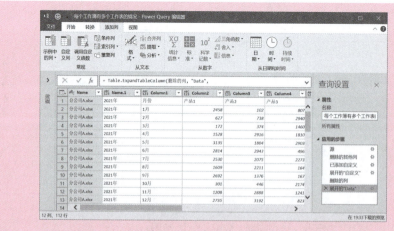

图 3-135　展开字段后的表

步骤10 单击"将第一行用作标题"按钮,提升标题,并删除自动添加的步骤"更改的类型",得到如图 3-136 所示的表。

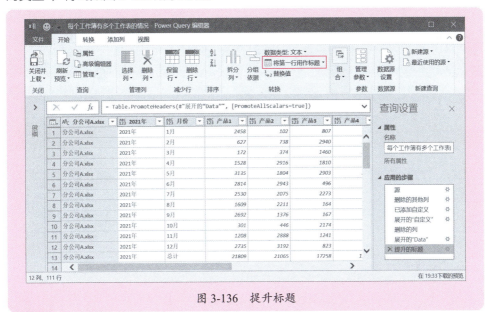

图 3-136 提升标题

步骤11 因为汇总了 8 个工作表,也就有了 8 个标题,已经将第一个表的标题用作了合并表的标题,其他的 7 个标题需要清除,可以从某个字段中筛选掉多余的标题,如图 3-137 所示,得到如图 3-138 所示的表。

图 3-137 筛选掉多余的标题和总计

步骤12 修改字段名称,并将第一列进行替换,获取分公司名称,得到规范的表,如图 3-139 所示。

步骤13 选择左侧三列，执行右键快捷菜单中的"逆透视其他列"命令，得到如图 3-140 所示的表。

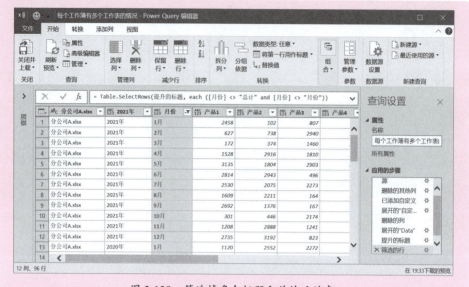

图 3-138　筛选掉多余标题和总计后的表

图 3-139　修改字段名称，规范数据

步骤14 修改字段名称，将"属性"修改为"产品"，将"值"修改为"销售额"，得到规范的一维表，如图 3-141 所示。

步骤15 最后将数据导出到 Excel 工作表，就是我们需要的几个工作簿汇总表，如图 3-142 所示。

图 3-140　执行"逆透视列"命令后的表

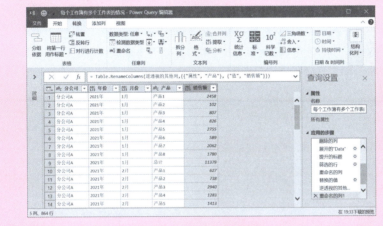

图 3-141　规范的一维表

	A	B	C	D	E
1	分公司	年份	月份	产品	销售额
2	分公司A	2021年	1月	产品1	2458
3	分公司A	2021年	1月	产品2	102
4	分公司A	2021年	1月	产品3	807
5	分公司A	2021年	1月	产品4	826
6	分公司A	2021年	1月	产品5	2755
7	分公司A	2021年	1月	产品6	589
8	分公司A	2021年	1月	产品7	2062
9	分公司A	2021年	1月	产品8	1780
754	分公司D	2021年	12月	产品6	970
755	分公司D	2021年	12月	产品7	2997
756	分公司D	2021年	12月	产品8	1719
757	分公司D	2021年	12月	总计	11982
758	分公司D	2020年	1月	产品1	833
759	分公司D	2020年	1月	产品2	228
760	分公司D	2020年	1月	产品3	339
761	分公司D	2020年	1月	产品4	2289

图 3-142　文件夹里几个工作簿的合并表

3.4.3 汇总文件夹内指定类型的工作簿

也许文件夹里保存了很多文件，但是我们仅仅需要汇总其中指定的几个工作簿，此时，只需要在 Power Query 编辑器中，将那些不需要汇总的工作簿筛选掉即可，如图 3-143 和图 3-144 所示，其他操作与前面介绍的完全相同。

图 3-143　文件夹里很多工作簿，有些工作簿不参与汇总

图 3-144　取消选中不参与合并汇总的工作簿复选框

3.4.4 工作簿保存在不同文件夹的情况

如果要合并汇总的工作簿保存在不同的文件夹（文件分类管理很重要），不允许将它们保存在同一个文件夹，如果要将这些工作簿合并汇总，可以分别对每个文件夹进行汇总，得到几个合并工作簿，然后再将这几个合并工作簿进行第二次汇总。过程稍微烦琐，不过也能完成合并汇总任务。

如果想要一次合并汇总这些不同文件夹里的工作簿，要么使用 VBA，要么使用 Tableau，这些内容将在后面的章节进行介绍。

3.5 汇总数据导出方式

前面介绍的利用 Power Query 汇总工作表或工作簿，都是将汇总结果导出到工作表，其实，查询结果的导出方式有很多种，并有不同的应用场合。

3.5.1 导出为 Excel 表

在 Power Query 编辑器中，查询完成后，直接执行"关闭并上载"命令，就会以默认的方式，将查询结果保存到当前工作簿的新工作表中，得到一个数据表。这是最常见的导出方式。

3.5.2 导出为仅连接

如果执行"关闭并上载至"命令，就会打开"加载到"对话框，如图 3-145 所示，如选中"仅创建连接"单选按钮，就会得到一个查询连接，所有查询结果保存在查询中，当前工作簿并没有任何查询数据。

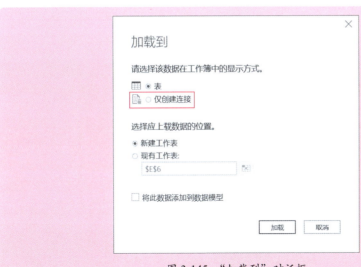

图 3-145 "加载到"对话框

如果需要将查询中的数据导出到 Excel 工作表，右击，在弹出的快捷菜单中执行"加载到"命令，如图 3-146 所示，就会打开如图 3-145 所示的"加载到"对话框，然后选中"表"单选按钮即可。

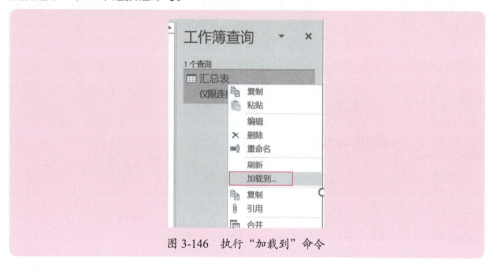

图 3-146　执行"加载到"命令

3.5.3 添加到数据模型

我们可以将合并查询结果加载到数据模型，这样以后可以以此数据模型创建 Power Pivot，此时，可以在"加载到"对话框上选中"将此数据添加到数据模型"复选框。

当不想导出数据到 Excel 工作表，同时又想以查询结果进行数据分析时，可以在"加载到"对话框中，同时选中"仅创建连接"单选按钮和"将此数据添加到数据模型"复选框。

第4章

财务数据合并的 Excel VBA 方法

对于某些数据表格,例如某些生产日报表的汇总,我们既无法使用合并计算工具,也无法使用数据透视表,更无法使用高效的 Power Query,此时,我们可以借助 Excel VBA 来实现一键合并。

4.1 需要了解和掌握的 Excel VBA 基本知识

在利用 Excel VBA 汇总数据前，我们首先需要了解和掌握 Excel VBA 的基础知识，包括 VBA 基本语法、VBA 对象等。

4.1.1 VBA 代码保存位置

VBA 代码需要保存在 VBE 编辑器的模块或对象里，常规的 VBA 代码保存在模块即可。打开 VBE 编辑器界面在"开发工具"选项卡中单击"Visual Basic"按钮，如图 4-1 所示。然后插入一个模块，在模块中编写代码即可，如图 4-2 所示。

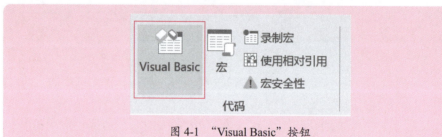

图 4-1 "Visual Basic" 按钮

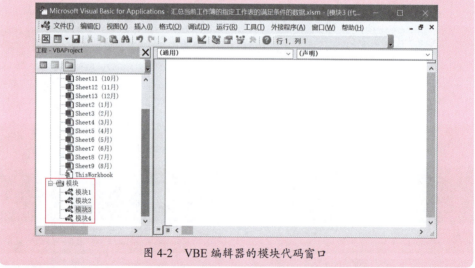

图 4-2 VBE 编辑器的模块代码窗口

4.1.2 有 VBA 代码的工作簿保存

有 VBA 代码的工作簿，必须保存为启用宏的工作簿，扩展名是"xlsm"，如图 4-3 所示，否则 VBA 代码是不会保存的。

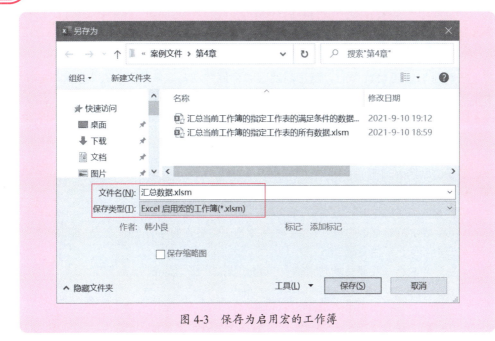

图 4-3 保存为启用宏的工作簿

4.1.3 程序基本结构

Excel VBA 中,有两种程序代码:程序和自定义函数。

程序以 Sub 开头,以 End Sub 结束,中间是各种命令语句,程序可以返回一个或多个计算结果:

Sub 合并数据 ()
  语句 1
  语句 2
  …
End Sub

自定义函数以 Function 开头,以 End Function 结束,中间是各种命令语句,自定义函数只能且必须返回一个结果:

Function 判断工作表是否存在 (工作表名 As String) As Boolean
  语句 1
  语句 2
  判断工作表是否存在 = True
End Function

由于 Excel VBA 是基于 Excel 应用程序的 Visual Basic 语句,因此 Excel VBA 的语法规则与 Visual Basic 是基本一致的。

4.1.4 定义变量

在利用 VBA 进行计算时，常常需要临时存储数据，这些数据保存到变量中。对于每个变量，必须有一个唯一的变量名字和相应的数据类型。

因此，一般来说，设计程序的第一步，是定义变量，包括定义变量名称和为变量指定数据类型。

1. 变量命令规则

变量的命名必须遵循下列规则：

- 变量名必须以字母或汉字开头，不能以数字或其他字符开头。
- 变量名必须由字母、数字、汉字或下画线（_）组成。
- 变量名中不能包含句点（.）、空格或者其他类型声明字符（如 %、$、@、&、!）。
- 变量名最长不能超过 255 个字符。
- 变量名不能与某些关键词同名，如 Or、And、If、Loop、Abs 等。

2. 定义变量的方法

对变量进行说明一般可采用 Dim 或 ReDim，此外还有 Public、Private、Static，它们既可以对一个变量进行说明，也可以对多个变量进行说明。语法如下（方括号 [] 表示可选）：

Dim 变量名 [As 数据类型]，[变量名 [As 数据类型]…]
ReDim 变量名 [As 数据类型]，[变量名 [As 数据类型]…]
Public 变量名 [As 数据类型]，[变量名 [As 数据类型]…]
Private 变量名 [As 数据类型]，[变量名 [As 数据类型]…]
Static 变量名 [As 数据类型]，[变量名 [As 数据类型]…]

例如，将 XY 定义为字符串型变量，语句为：

Dim XY As String。

在一条语句中可以定义多个变量，变量之间用逗号分隔，如下所示：

Dim aa As String, bb As Integer, cc As Single, dd As Date

需要注意的是，下面的语句仅说明了变量 C 是整型，而变量 A 和 B 为 Variant 型：

Dim A, B, C As Integer

如果变量 A 和 B 也为整型，则必须用下面的语句进行说明：

Dim A As Integer, B As Integer, C As Integer

在用 Dim 语句说明一个变量后，VBA 自动为该变量赋值。
根据定义的具体情况，初始值是不一样的：

- 若变量为数值型，则初始值为零。
- 若变量为字符串型，则初始值为空字符串。
- 未定义数据类型的变量，则默认为 Variant。

3. 定义对象变量

由于 Excel VBA 是面向对象的编程，因此还有一类变量：对象变量。

例如，当引用工作表时，需要定义工作表对象变量；当引用单元格时，需要定义单元格对象变量；等等。

对象变量不存储数据，但知道数据在哪儿存储。例如，可以用对象变量告诉 VBA 数据在当前活动工作表的单元格 A2。使用对象变量，使定位数据更加容易。

对象变量的声明和前面介绍的变量声明类似，唯一的不同是在关键字 As 后面，必须输入词语关键字 Object 作为数据类型，例如：

Dim Rng As Object

这个语句就声明了一个叫作 Rng 的对象变量。

但是，只声明对象变量是不够的，在使用这个变量前，用户还必须给这个对象变量赋予确定的值。

对于对象变量来说，需要使用关键字 Set 来给对象变量赋值，关键字 Set 后面是等号和该变量指向的值，例如，下面的语句给对象变量 Rng 赋值，这个值指向工作表 Sheet1 的单元格区域 A1:E10：

Set Rng = Worksheets("Sheet1").Range("A1:E10")

使用对象变量的好处是，它可以代替真实对象使用，比真实对象更简短，更容易记住。

对象变量可以引用任意一种对象，因为 VBA 有很多种对象，所以，为了使程序可读性更强，运行更快，最好创建引用具体对象类型的对象变量。例如，可以将 Rng 对象变量声明为 Range 对象，而不是通常的对象变量（Object）：

Dim Rng As Range

如果要引用一个具体的工作表，则可以声明一个 Worksheet 对象 ws：

Dim ws As Worksheet

当定义了对象变量后，可以使用 With…End With 结构，来引用和设置对象的属性。

例如，下面的程序是设置指定单元格的字体，这里定义了一个名字为 fn 的 Font（字体）对象变量：

```
Sub 设置字体()
    Dim ws As Worksheet
    Dim fn As Font
    Set ws = Worksheets("sheet1")           '指定工作表
    Set fn = ws.Range("A1:B10").Font        '指定单元格字体
    With fn
        .Name = "微软雅黑"                   '微软雅黑字体
        .Size = 10                          '10 号字体
        .Bold = True                        '加粗
        .Color = vbRed                      '红色字体
```

```
        .Italic = True                          '斜体
    End With
End Sub
```

4.1.5 循环语句

循环语句,就是在执行语句时,需要对其中的某个或某部分语句重复执行多次。常见的循环语句有:

```
For … Next
For … EACH
```

1. For … Next 循环语句

For … Next 循环语句属于计数循环语句。For … Next 循环语句的格式如下:

```
For 计数器 = 初始值 To 终止值 [Step 步长 ]
    [ 循环体 ]
    [Exit For]
    [ 循环体 ]
Next 计数器
```

其中,步长可以为正数、负数或没有步长。如果步长为正,则初始值必须小于终止值;如果步长为负,则初始值必须大于终止值;如果没有设置步长,则步长默认值为 1。

执行 For … Next 循环结构的步骤如下。

(1) 设置计数器等于初始值。

(2) 如果步长为正,测试计数器是否大于终止值,若计数器大于终止值,则停止循环,执行 Next 后面的语句;如果步长为负,测试计数器是否小于终止值,若计数器小于终止值,则停止循环,执行 Next 后面的语句。

(3) 执行循环体。

(4) 如果在循环体之间存在 Exit For 语句,那么就退出 For … Next 循环,执行 Next 后面的语句。

(5) 计数器 = 计数器 + 步长。

(6) 转到步骤(2)。

下面的程序是在工作表"Sheet1"的 A 列中,从单元格 A2 开始,输入连续的序号:

```
Sub For_Next 循环 ()
    Dim ws As Worksheet
    Dim n As Integer, i As Integer
    Set ws = Worksheets("sheet1")
    For i = 1 To 100
        ws.Range("A" & i + 1) = i
    Next i
End Sub
```

2. For Each…Next 循环语句

For Each…Next 循环语句也属于计数循环语句,它是对集合中的所有元素进行循环,使用语法如下:

```
For Each 集合中元素 In 集合
    [ 循环体 ]
Next [ 集合中元素 ]
```

下面的例子是循环当前工作簿中的所有工作表,并将每个工作表名称输出到当前工作表的 A 列。

```
Sub For_Each 循环 ()
    Dim ws As Worksheet
    Dim i As Integer
    i = 1
    For Each ws In ThisWorkbook.Worksheets
        Range("A" & i) = ws.Name
        i = i + 1
    Next
End Sub
```

3. 退出 For 循环

退出 For 循环必须使用 Exit For 语句,一般要设置一个条件判断语句,在满足条件时退出循环。

4.1.6 判断语句

在很多情况下,需要程序按照一定的条件执行,即满足某些条件时执行一些语句,而不满足这些条件时则转去执行另外一些语句,这就需要对程序进行条件判断处理。常用的条件判断语句是 If 条件语句。

If 条件语句分为单行格式和多行格式。单行格式是指写在一行的 If 条件语句;多行格式则是指写成多行的 If 条件语句。

1. 单行格式的 If 条件语句

单行格式的 If 条件语句格式如下:

```
If 条件 Then 语句 1 [Else 语句 2]
```

在这个 If 条件语句中,当条件满足时,执行语句 1,否则执行语句 2。但是,"Else 语句 2"不是必需的,它是一个可选的条件语句。

例如,下面的程序中,首先弹出一个询问框,询问是否继续运行,单击"是"按钮,就继续执行程序,单击"否"按钮,就退出程序:

```
Sub 单行格式的 If 条件语句 ()
    If MsgBox(" 是否统计分析? ", vbYesNo + vbQuestion, " 统计 ") = vbNo Then
```

```
Exit Sub
  End Sub
```

2. 多行格式的 If 条件语句

多行格式的 If 条件语句又分为三种格式：

```
  If…Then
  If…Then…Else
  If…Then…ElseIf…Then
```

（1）If…Then 格式。

If…Then 条件格式如下所示：

```
  If 条件 Then
    语句块
  End If
```

这种格式的含义是，当条件满足时就执行 Then 后面的语句块，否则就跳出条件语句而执行 End If 后面的语句。

例如，下面的程序中，首先弹出一个询问框，询问是否继续运行，单击"是"按钮，就继续执行程序，单击"否"按钮，就退出程序：

```
Sub If 条件语句 ()
  If MsgBox(" 是否统计分析？ ", vbYesNo + vbQuestion, " 统计 ") = vbNo Then
    Exit Sub
  End If
End Sub
```

（2）If…Then…Else 格式。

If…Then…Else 条件格式如下所示：

```
  If 条件 Then
    语句块 1
  Else
    语句块 2
  End If
```

这种格式的含义是，当条件满足时就执行 Then 后面的语句块 1，否则就执行 Else 后面的语句块 2。

下面的程序是，如果 B 列单元格数据是 y，那么 C 列单元格就是输入"过期"，否则就输入"未到期"：

```
Sub If 条件语句 ()
  Dim i As Long
  For i = 2 To 100
    If Range("B" & i) = "y" Then
      Range("C" & i) = " 过期 "
```

```
        Else
            Range("C" & i) = " 未到期 "
        End If
    Next i
End Sub
```

(3) If…Then…ElseIf…Then 格式。

If…Then…ElseIf…Then 条件格式如下所示：

```
If 条件 1 Then
    语句块 1
ElseIf 条件 2 Then
    语句块 2
[ElseIf 条件 3 Then
    语句块 3
…
[Else
    语句块 n]
End If
```

这种格式的含义是，当条件不满足时就再执行新的条件判断，而且 ElseIf 部分可以嵌套多层。

下面的程序是，如果 B 列单元格数据是 y，那么 C 列单元格输入"过期"；如果 B 列单元格数据是 n，那么 C 列单元格输入"未到期"；如果 B 列单元格数据既不是 y 也不是 n，输入空值：

```
Sub If 条件语句 ()
    Dim i As Long
    For i = 2 To 100
        If Range("B" & i) = "y" Then
            Range("C" & i) = " 过期 "
        ElseIf Range("B" & i) = "n" Then
            Range("C" & i) = " 未到期 "
        Else
            Range("C" & i) = ""
        End If
    Next i
End Sub
```

4.1.7 语句书写的几个技巧

语句书写有几个需要掌握的技巧，具体如下。

1. 几条语句写为一行

有些情况下，为了使程序更加简单明了，可以将几条类似的语句写在一行。

对于赋值语句，需要用冒号（:）将各语句隔开；对于声明语句，需要用逗号（,）将各语句隔开。例如，

```
Public Sub 一行书写 ()
    Dim na(15) As String, class(15) As String, score(15) As Integer
    Dim i As Integer
    For i = 2 To 15
        na(i-1) = Cells(i,1): class(i-1) = Cells(i,2): score(i-1) = Cells(i,3)
    Next i
End Sub
```

2. 语句断行

在 VBA 中，一行最多允许 255 个字符，如果超过了 255 个字符，就需要将一行语句断开成数行书写，在各行的最后要加上续行符 "_"（由一个空格和一个下画线组成）。例如：

```
If MsgBox(" 是否修改数据 ", _
    vbYesNo + vbQuestion, _
    " 修改数据 ") = vbYes Then
```

3. 添加注释说明

我们可以使用注释语句说明程序中某些语句的功能和作用，有利于维护和调试程序。在 VBA 中，有以下两种方法添加注释语句：

方法 1：使用单引号 "'"，此时注释语句可以位于某语句末尾，也可单独一行。如果要在语句的末尾添加注释，必须在语句后面插入至少一个空格，然后加上注释文本。默认注释会以绿色显示。

例如，

```
' 下面进行汇总计算
n = 100


n = 100              ' 下面进行汇总计算
```

方法 2：使用 Rem，此时注释语句只能单独一行，例如，

```
Rem 下面进行汇总计算
```

4.1.8 操作工作簿

汇总工作簿要引用工作簿，也就是指定要操作哪个工作簿。引用工作簿的一般方法是通过名称来引用。

1. 引用当前活动工作簿
利用 Application 对象的 ActiveWorkbook 属性，可以引用当前活动工作簿：

```
Dim wb As Workbook
Set wb = ActiveWorkbook
```

2. 引用当前宏代码运行的工作簿
利用 Application 对象的 ThisWorkbook 属性，可以引用当前宏代码运行的工作簿：

```
Dim wb As Workbook
Set wb = ThisWorkbook
```

3. 引用新键的工作簿
利用 Add 方法可以创建新的工作簿，将新建的工作簿赋值给对象变量，可用在不需要了解工作簿名称的情况下操作新建的工作簿：

```
Dim wb As Workbook
Set wb = Workbooks.Add
```

4. 打开工作簿
利用 Open 方法可以打开指定的工作簿：

```
Dim wb As Workbook
Set wb = Workbooks.Open(Filename:="D:\ 财务分析 \ 成本分析模板 .xlsx")
```

如果工作簿有密码，则可以使用下面的语句：

```
Dim wb As Workbook
Set wb = Workbooks.Open( _
            Filename:="D:\ 财务分析 \ 成本分析模板 .xlsx", _
            Password:="12345")
```

5. 保存工作簿
利用 Save 方法保存指定的工作簿，相当于按 Ctrl+S 组合键：

```
Dim wb As Workbook
Set wb = ThisWorkbook
wb.Save
```

如果要另存工作簿，则需要使用 SaveAs 方法：

```
Dim wb As Workbook
Set wb = ThisWorkbook
wb.SaveAs Filename:="D:\ 财务分析 \ 备份 .xlsx"
```

6. 关闭工作簿
利用 Close 方法关闭指定的工作簿：

```
Dim wb As Workbook
```

```
Set wb = ActiveWorkbook
wb.Close
```

关闭工作簿时,如果不保存所做的修改,则需要设置 savechanges 参数为 false:

```
Dim wb As Workbook
Set wb = ActiveWorkbook
wb.Close savechanges:=False
```

7. 获取工作簿路径和名称

如果要获取宏代码运行的工作簿完整名称,可以使用 FullName 属性:

```
Public Sub 工作簿完整名称 ()
    MsgBox "包括完整路径的工作簿名称为: " & vbCrLf & ThisWorkbook.FullName
End Sub
```

如果要获取宏代码运行的工作簿的路径,可以使用 Path 属性:

```
Public Sub 工作簿路径 ()
    MsgBox "宏代码运行的工作簿的路径为: " & ThisWorkbook.Path
End Sub
```

4.1.9 操作工作表

在合并工作表数据之前,首先必须确定要操作的是哪个工作表,也就是要引用的工作表。引用工作表的方法有以下几种。

1. 通过索引引用工作表

通过索引引用工作表,是指通过某工作表在 Worksheets 集合中的位置引用工作表,语句如下:

```
Worksheets( 序号 )
```

例如,Worksheets(1) 表示引用第 1 个工作表;Worksheets(2) 表示引用第 2 个工作表;Worksheets(i) 表示引用第 i 个工作表,i 是从 1 开始的序号。

2. 通过名称引用工作表

通过名称引用工作表,是指通过指定具体的工作表名引用工作表,语句如下:

```
Worksheets( 名称字符串 )
```

例如,Worksheets(" 价格表 ") 表示引用名称为"价格表"的工作表。
在使用工作表名称时,不区分字母的大小写。

3. 引用新建的工作表

引用新建的工作表,可以利用 Add 方法。
下面的例子是在指定的工作簿的所有工作表的最后插入一个新工作表,并将该工作表重命名为"备份"。

```
Dim ws As Worksheet
```

```
Dim wb As Workbook
Set wb = ThisWorkbook                                    '指定工作簿
Set ws = wb.Worksheets.Add(after:=Sheets(Sheets.Count))  '新建一个工作表
ws.Name = " 备份 "
```

4. 重命名工作表

重命名工作表使用 Name 属性：

```
Dim ws As Worksheet
Set ws = ThisWorkbook.Worksheets(1)
ws.Name = " 汇总 "
```

5. 移动工作表

利用 Move 方法可以移动工作表，也就是改变工作表在工作簿中的位置，注意要设置参数 BeFore 和 After，指定要移动到的位置。

下面的代码就是将指定工作表移动到最前面或最后面：

```
Dim ws As Worksheet
Set ws = Worksheets(2)                              '指定要移动的工作表
ws.Move After:=Worksheets(Worksheets.Count)         '移动到最后面
ws.Move BeFore:=Worksheets(1)                       '移动到最前面
ws.Move After:=Worksheets(" 应收款分析 ")
'移动到工作表 "应收款分析" 后面
ws.Move BeFore:=Worksheets(" 应收款分析 ")
'移动到工作表 "应收款分析" 前面
```

6. 复制工作表

利用 Copy 方法，可以将指定工作表复制到指定位置。注意，复制的工作表成为当前活动工作表。

下面的例子就是将工作表"应收款分析"复制一份到最前面：

```
Dim ws As Worksheet
Set ws = Worksheets(" 应收款分析 ")        '指定要复制的工作表
ws.Copy BeFore:=Worksheets(1)             '复制到最前面
```

如果要将指定工作表复制为一个新工作簿，可以使用下面的代码，此时，新工作簿成为当前活动工作簿：

```
Dim ws As Worksheet
Dim wb As Workbook
Set ws = Worksheets(" 应收款分析 ")        '指定要复制的工作表
ws.Copy                                   '复制到一个新工作簿
Set wb = ActiveWorkbook
```

7. 删除工作表

利用 Delete 方法可以删除工作表。

在删除工作表时会弹出提示信息,可以将 Application.DisplayAlerts 设置为 False,来取消信息框的显示。

但需注意,当工作簿中只有一张工作表是不能删除的。

下面的代码删除除"目录"工作表外的所有工作表:

```
Application.DisplayAlerts = False
Dim ws As Worksheet
For Each ws In Worksheets
    If ws.Name <> " 目录 " Then
        ws.Delete
    End If
Next
Application.DisplayAlerts = True
```

有时需要新建一个工作表并重命名为指定名称,但是工作簿里这个名称的旧工作表可能存在也可能不存在,如果存在就删除,此时可以使用错误处理语句处理:

```
Application.DisplayAlerts = False
On Error Resume Next
Worksheets(" 同比分析 ").Delete
On Error GoTo 0
Application.DisplayAlerts = True
```

4.1.10 操作单元格

单元格可以是某个单元格、某一行、某一列或者多个相邻或不相邻单元格区域。

1. 引用单元格

不论是引用一个单元格、一行、一列、还是一个单元格区域,我们都可以使用 Range 对象的相关属性来引用,这些属性包括:Range 属性、Cells 属性、Rows 属性、Columns 属性、UsedRange 属性、Offset 属性、Resize 属性等。

下面是引用单元格的几种方法。

使用 Range 属性引用单元格和单元格区域,例如,

- Range ("A1"):   引用单元格 A1。
- Range("A:A,C:C,H:H"):   引用 A 列、C 列和 H 列。
- Range("5:20"):   引用第 5 ~ 20 行。

使用 Cells 属性引用单元格和单元格区域,例如,

- Cells(1,1):   引用单元格 A1。
- Range(Cells(1,1),Cells(5,5)):   引用单元格区域 A1:E5。

使用方括号引用单元格和单元格区域,例如,

- [A1]:   引用单元格 A1。

使用 Rows 属性引用整行,例如,

- ROWS("10")：　　　　　　　　引用第 10 行。
- ROWS("1:2")：　　　　　　　　引用第 1 行和第 2 行。

使用 Columns 属性引用整列，例如，

- Columns("A:B")：　　　　　　引用 A 列和 B 列。

使用 UsedRange 属性引用使用的单元格区域，例如，

- ActiveSheet.UsedRange.Select。

引用工作表的全部单元格，例如，

- Cells.Select：　　　　　　　　选择整个工作表。

下面的代码是删除指定数据区域中，A 列是"小计"的行：

```
Dim i As Long, n As Long
n = Range("A10000").End(xlUp).Row
For i = n To 2 Step –1
    If Range("A" & i) = " 小计 " Then
        Rows(i).Delete shIft:=xlUp
    End If
Next i
```

2. 获取单元格的数据

使用 Value 属性获取单元格数据，或者直接引用单元格，例如，

```
x = Range("A1")
x= Range("A1").Value
```

也可以定义一个 Variant 类型的变量，把单元格区域的数据保存在该变量中，例如，

```
Dim x As Variant
x = Range("A1:B4") .Value
Range("A11:B14") = x
```

3. 向单元格和单元格区域输入各种数据

快速向单元格输入数据的基本方法：

```
Range("A1") = 100
Range("A1").Value = 100
```

快速向单元格区域输入相同数据：

```
Range("A1:A10").Value = 100
```

快速向单元格区域输入不同数据（用 Array 函数）：

```
Range("A1:D1") = Array(" 日期 "," 客户名称 "," 合同编号 "," 合同金额 ")
Range("A2:D2") = Array("2021-11-17"," 鑫华科技 ","H20430", 20000)
```

4. 删除单元格数据

删除单元格数据的几种方式：

- Clear：清除单元格区域中的所有内容。
- ClearComments：清除单元格区域的批注。
- ClearContents：清除单元格区域的内容（但保留其格式）。
- ClearFormats：清除单元格区域的格式。

例如，下面的代码删除指定单元格区域内的所有数据（保留格式）：

```
Range("A1:D100").ClearContents
```

5. 复制粘贴数据

使用 Copy 语句，可以把指定单元格数据复制粘贴到指定位置。

例如，下面的代码是将工作表"Sheet1"的单元格区域"A2:D10"数据，复制到工作表"Sheet3"中的 A2 单元格：

```
Dim ws1 As Worksheet
Dim ws2 As Worksheet
Dim rng As Range
Set ws1 = Worksheets("Sheet1")
Set ws2 = Worksheets("Sheet3")
Set rng = ws1.Range("A2:D10")
rng.Copy Destination:=ws2.Range("A2")
```

6. 获取单元格区域的最大行号和列号

如果要对单元格区域进行数据处理，就必须了解单元格区域的大小，即获取单元格区域的最大行号和列号。

获取单元格区域的最大行号：

```
FinalRow = Range("A1048576").End(xlUp).Row
```

获取单元格区域的最大列号：

```
FinalColumn = Range("XFD1").End(xlToLeft).Column
```

7. 删除单元格、行、列

删除单元格、行、列，可以使用 Delete 方法。

例如，删除第 10 ~ 20 行，并且下面的单元格上移：

```
Rows("10:20").Delete ShIft:=xlUp
```

删除第 A ~ C 列，并且右侧的单元格左移：

```
Columns("A:C").Delete ShIft:=xlToLeft
```

删除单元格区域 A10:F20，并把右侧单元格左移：

```
Range("A10:F20").Delete ShIft:=xlToLeft
```

8. 插入单元格、行、列

使用 Insert 方法，可插入单元格、行、列。

例如，在第 10 行的位置插入一行，原第 10 行往下移，代码如下：

```
Rows(10).Insert shIft:=xlDown
```

在单元格 B5 位置插入一个新单元格，原 B5 单元格右移，代码如下：

```
Range("B5").Insert shIft:=xlToRight
```

9. 设置单元格的格式

设置单元格的格式，包括字体、边框、颜色等，可以通过录制宏方法获取必要代码。

例如，设置指定单元格区域的字体和填充颜色，代码如下：

```
Dim rng As Range
Set rng = Range("A2:G20")
With rng
    With .Font
        .Name = " 微软雅黑 "
        .Size = 10
    End With
    .Interior.ColorIndex = 19
End With
```

4.1.11 获取指定文件夹里的文件

如果要汇总指定文件夹里的多个工作簿，首先要知道这些工作簿的名称，可以通过设计代码，快速获取文件夹里的所有文件或者指定类型的文件。

获取文件夹里文件的方法，可以使用 VBA 的常规方法，也可以使用 FSO 对象模型方法。

例如，获取指定文件夹里的所有 Excel 文件，将带路径的文件名保存到数组 f 中：

```
Sub 获取指定文件夹的 Excel 文件 ()
    Dim fpath As String
    Dim fname As String
    Dim i As Long
    Dim f(1 To 100) As String
    fpath = ThisWorkbook.Path & "\"         '指定文件夹
    fname = Dir(fpath, 0)
    i = 1
    Do While Len(fname) > 0
        If Right(fname, 3) = "xls" Or Right(fname, 4) = "xlsx" Then
            f(i) = fpath & fname
```

```
            i = i + 1
        End If
        fname = Dir()
    Loop
End Sub
```

利用 FSO 模型获取指定文件夹里 Excel 文件，代码如下：

```
Sub 获取指定文件夹的 Excel 文件 FSO()
    Dim fso As Object
    Dim fpath As String
    Dim i As Long
    Dim x As String
    Dim f(1 To 100) As String
    Set fso = CreateObject("Scripting.FileSystemObject")
    fpath = ThisWorkbook.Path            '指定文件夹
    i = 1
    For Each fFile In fso.GetFolder(fpath).Files
        x = fpath & "\" & fFile.Name
        If Right(x, 3) = "xls" Or Right(x, 4) = "xlsx" Then
            f(i) = x
            i = i + 1
        End If
    Next
End Sub
```

4.2 汇总当前工作簿的工作表数据

了解了 Excel VBA 基础知识后，下面介绍如何利用 Excel VBA，快速合并大量工作簿和工作表的基本逻辑和参考代码。

4.2.1 汇总当前工作簿的指定工作表的所有数据

一个简单的方法，是采用复制粘贴的方法，将各工作表数据合并汇总到一个工作表中。

图 4-4 是 Excel 文件 "2021 年工资 .xlsx"，有 12 个工作表，分别保存 12 个月的数据，现在要求将这 12 个月的工资汇总到一个工作表上，同时要分别标注数据所属月份。

图 4-4 示例数据：12 个工作表

新建一个工作表，重命名为"汇总"，并手动输入标题（每个工作表标题都是一样的），如图 4-5 所示。

图 4-5 设计汇总表

然后运行下面的代码，就可以将 12 个工作表数据汇总到一起，结果如图 4-6 所示。

图 4-6 汇总结果

```
Sub 汇总()
    Dim ws As Worksheet              '定义汇总表对象变量
    Dim wsx As Worksheet             '定义月份循环表对象变量
    Dim i As Long                    '定义循环变量
    Dim n As Long                    '定义每个月份工作表数据行数变量
    Dim p1 As Long                   '定义数据保存的起始位置变量
    Dim p2 As Long                   '定义数据区域最后一行变量
    
    '指定具体的工作表
    Set ws = ThisWorkbook.Worksheets("汇总")
    With ws
      '清除汇总表的旧数据
      .Range("A2:M10000").Clear
      '指定数据最开始的保存位置
      p1 = 2
      '循环12个月工作表
      For i = 1 To 12
         '指定某个月工作表
         Set wsx = ThisWorkbook.Worksheets(i & "月")
         '统计某个月工作表数据行数
         n = wsx.Range("A1000").End(xlUp).Row
         '将某个月工作表数据复制到汇总表
         wsx.Range("A2:L" & n).Copy Destination:=.Range("B" & p1)
         '统计汇总表的数据行数
         p2 = .Range("B1000").End(xlUp).Row
         '在汇总表A列输入月份名称
         .Range("A" & p1 & ":A" & p2).Value = i & "月"
         '统计下一个月份数据保存的起始位置
         p1 = .Range("A1000").End(xlUp).Row + 1
      Next i
    End With
    '弹出信息框
    MsgBox "汇总完毕", vbInFormation, "汇总"
End Sub
```

这个程序并不复杂，逻辑也很简单，就是复制粘贴工作的自动化。

4.2.2 汇总当前工作簿的指定工作表的满足条件的数据

在上面的例子中，如果需要把每个月工作表中合同工的数据提取出来，合并到一个新工作表中,代码该如何设计?

此时,仍可以使用复制粘贴的方法,不过在复制粘贴之前,要先做筛选操作,筛选的代码可以通过录制宏得到。

下面是参考代码,汇总结果如图 4-7 所示。

```vba
Sub 汇总()
    Dim ws As Worksheet              '定义汇总表对象变量
    Dim wsx As Worksheet             '定义月份循环表对象变量
    Dim i As Long                    '定义循环变量
    Dim n As Long                    '定义每个月份工作表数据行数变量
    Dim p1 As Long                   '定义数据保存的起始位置变量
    Dim p2 As Long                   '定义数据区域最后一行变量
    Dim Rng As Range                 '定义单元格区域变量
    
    '指定具体的工作表
    Set ws = ThisWorkbook.Worksheets(" 汇总 ")
    With ws
        '清除汇总表的旧数据
        .Range("A2:M10000").Clear
        '指定数据最开始的保存位置
        p1 = 2
        '循环 12 个月工作表
        For i = 1 To 12
            '指定某个月工作表
            Set wsx = ThisWorkbook.Worksheets(i & " 月 ")
            '统计某个月工作表数据行数
            n = wsx.Range("A1000").End(xlUp).Row
            '在第 2 列筛选合同工数据
            wsx.Range("A1:L" & n).AutoFilter Field:=2, Criteria1:=" 合同工 "
            '获取筛选出来的数据
            Set Rng = wsx.Range("A2:L" & n).SpecialCells(xlCellTypeVisible)
            '将某个月工作表数据复制到汇总表
            Rng.Range("A2:L" & n).Copy Destination:=.Range("B" & p1)
            '取消筛选
            wsx.Range("A1:L" & n).AutoFilter
            '统计汇总表的数据行数
            p2 = .Range("B1000").End(xlUp).Row
            '在汇总表 A 列输入月份名称
            .Range("A" & p1 & ":A" & p2).Value = i & " 月 "
            '统计下一个月份数据保存的起始位置
```

```
        p1 = .Range("B1000").End(xlUp).Row + 1
      Next i
    End With
    ' 弹出信息框
    MsgBox " 汇总完毕 ", vbInFormation, " 汇总 "
End Sub
```

	月份	姓名	合同类型	基本工资	出勤工资	岗位津贴	福利津贴	应发工资	个人所得税	社保金	公积金	四金合计	实发工资
2	1月	A005	合同工	3078.00	857.00	48.00	825.00	4808.00	0.00	375.00	450.00	825.00	3983.00
3	1月	A006	合同工	11107.00	10.00	766.00	295.00	12178.00	880.60	112.00	468.00	580.00	10717.40
4	1月	A007	合同工	3581.00	86.00	236.00	995.00	4898.00	0.00	306.00	260.00	566.00	4332.00
5	1月	A008	合同工	10439.00	813.00	582.00	877.00	12711.00	987.20	496.00	414.00	910.00	10813.80
6	1月	A009	合同工	3558.00	313.00	230.00	522.00	4623.00	0.00	68.00	116.00	184.00	4439.00
7	1月	A010	合同工	5239.00	844.00	837.00	558.00	7478.00	142.80	95.00	372.00	467.00	6868.20
8	1月	A012	合同工	8812.00	875.00	392.00	280.00	10359.00	516.80	128.00	406.00	534.00	9308.20
9	1月	A019	合同工	4904.00	201.00	4.00	217.00	5326.00	9.78	355.00	98.00	453.00	4863.22
10	1月	A020	合同工	8666.00	189.00	714.00	848.00	10417.00	528.40	290.00	308.00	598.00	9290.60
11	1月	A021	合同工	7814.00	96.00	903.00	968.00	9781.00	401.20	352.00	353.00	705.00	8674.80
12	1月	A024	合同工	9373.00	338.00	852.00	152.00	10715.00	588.00	299.00	402.00	701.00	9426.00
13	1月	A026	合同工	6738.00	602.00	108.00	648.00	8096.00	204.60	64.00	401.00	465.00	7426.40
207	12月	A021	合同工	8503.00	795.00	60.00	718.00	10076.00	460.20	325.00	179.00	504.00	9111.80
208	12月	A026	合同工	7468.00	994.00	86.00	136.00	8684.00	263.40	98.00	227.00	325.00	8095.60
209	12月	A027	合同工	5926.00	890.00	467.00	903.00	8186.00	213.60	471.00	390.00	861.00	7111.40
210	12月	A028	合同工	10019.00	346.00	901.00	115.00	11381.00	721.20	46.00	387.00	433.00	10226.80
211	12月	A029	合同工	9381.00	580.00	831.00	602.00	11394.00	723.80	469.00	469.00	938.00	9732.20
212	12月	A030	合同工	8425.00	537.00	109.00	972.00	10043.00	453.60	8.00	72.00	80.00	9509.40
213	12月	A031	合同工	5229.00	388.00	1.00	34.00	5652.00	19.56	64.00	314.00	378.00	5254.44
214	12月	A032	合同工	3782.00	521.00	194.00	362.00	4859.00	0.00	306.00	455.00	761.00	4098.00
215	12月	A033	合同工	6586.00	43.00	897.00	872.00	8398.00	234.80	99.00	330.00	429.00	7734.20
216	12月	A034	合同工	11930.00	945.00	281.00	460.00	13616.00	1168.20	9.00	341.00	350.00	12097.80
217	12月	A035	合同工	6656.00	783.00	923.00	852.00	9214.00	316.40	189.00	288.00	477.00	8420.60
218	12月	A036	合同工	9796.00	520.00	626.00	977.00	11919.00	828.80	379.00	435.00	814.00	10276.20
219	12月	A038	合同工	6604.00	199.00	974.00	896.00	8673.00	262.30	84.00	486.00	570.00	7840.70

汇总 | 1月 | 2月 | 3月 | 4月 | 5月 | 6月 | 7月 | 8月 | 9月 | 10月 | 11月 | 12月

图 4-7　汇总结果

4.2.3 当前工作簿内特殊结构工作表的汇总

前面的两个例子是比较简单的，每个工作表是非常规范的表单。

在实际数据处理中，我们会遇到很多特殊结构的表格，把相关单元格的数据汇总到一个工作表中，此时，使用 VBA 无疑是一个比较好的方法。

图 4-8 是各月考勤表，现在要制作如图 4-9 所示的每个人各月的考勤数据汇总表。

考勤月份　2021年1月　　2021年1 考勤表

工号	姓名	部门	1	2	3	4	5	6	7	8	9	10	11	12	13	14	15	16
			五	六	日	一	二	三	四	五	六	日	一	二	三	四	五	六
001	aaa1	财务部																
002	aaa2	财务部							加4						加5			
003	aaa3	财务部																
004	aaa4	财务部																
005	aaa5	财务部																
006	aaa6	财务部							加2									
007	aaa7	设备部																
008	aaa8	设备部																
009	aaa9	设备部													事3			
010	aaa10	设备部					加3											
011	aaa11	设备部																
012	aaa12	技术部																
013	aaa13	技术部																
014	aaa14	技术部																
015	aaa15	技术部																
016	aaa16	销售部														病4		
017	aaa17	销售部																

工号	17	18	19	20	21	22	23	24	25	26	27	28	29	30	31
	日	一	二	三	四	五	六	日	一	二	三	四	五	六	日
001															
002		加5			加6			加3		加3					加2
003															
004		婚8	婚8	婚8	婚8	婚8			婚8	婚8	婚8	婚8	婚8		
005															
006						事3									
007															
008															
009		加4				加3									
010															
011												加2			
012															
013															
014					事3										
015															
016															
017						加2		加2		加8					

工号	事假	病假	婚假	丧假	探亲假	产假	年假	加班		公出	调休
								工作	双休		
001											
002								23			
003											
004			80								
005											
006	3							2			
007											
008											
009	3							7			
010								3			
011								2			
012											
013											
014	3										
015											
016		4									
017								10			

合并表 | 1月 | 2月 | 3月 | 4月 | 5月 | 6月

图 4-8　各月考勤表

图 4-9　要求的汇总表

这种汇总，不仅仅是从各工作表中提取数据，还要将它们加总起来，因此可以循环获得各月中每个人的数据并加总合计。参考代码如下。

```
Sub 考勤汇总()
    Dim i As Integer          '指定每个月工作表内部行数循环变量
    Dim n As Integer          '指定每个月工作表的数据行数变量
    Dim j As Integer          '指定循环工作表变量
    Dim k As Integer          '指定考勤数据循环变量
    Dim s As Integer          '指定考勤数据合计数变量
    Dim p As Integer          '指定考勤数据合计数保存单元格行数变量
    Dim ID As String          '指定工号变量
    Dim ws As Worksheet       '指定合并工作表对象变量
    Dim wsx As Worksheet      '指定月份工作表对象变量

    '指定合并工作表
    Set ws = ThisWorkbook.Worksheets("合并表")
    With ws
        '统计某个月份工作表数据行数
        n = .Range("A100").End(xlUp).Row
        '从第4行一直循环到最后一行
        For i = 4 To n
            '将A列的工号赋值给变量ID
            ID = .Range("A" & i)
            '考勤合计数保存的起始行数
            p = 2
            '在月份工作表中，循环第35 ~ 45列，计算考勤数
            For k = 35 To 45
                '合计数初始值为0
```

```
                s = 0
                '循环 6 个月工作表
                For j = 1 To 6
                    '指定某个月工作表
                    Set wsx = ThisWorkbook.Worksheets(j & " 月 ")
                    '使用 SUMIf 函数计算某个员工的考勤合计数
                    With wsx
                        s = s + WorksheetFunction.SumIf(.Range("A4:A100"), ID, _
                                .Range(.Cells(4, k), .Cells(100, k)))
                    End With
                Next j
                '将合计数保存到单元格
                .Cells(i, p) = s
                '设置下一个考勤合计数的保存行数
                p = p + 1
            Next k
        Next i
    End With
    '不显示当前窗口的单元格的数字 0
    ActiveWindow.DisplayZeros = False
    '弹出信息框
    MsgBox " 汇总完毕！ ", vbInFormation, " 考勤汇总 "
End Sub
```

图 4-10 所示是模拟计算结果。

考勤汇总表

工号	姓名	部门	事假	病假	婚假	丧假	探亲假	产假	年假	加班		公出	调休
										工作日	双休日		
001	aaa1	财务部		10									
002	aaa2	财务部								115			
003	aaa3	财务部		40									
004	aaa4	财务部			80								
005	aaa5	财务部											
006	aaa6	财务部	18							8			
007	aaa7	设备部											
008	aaa8	设备部											
009	aaa9	设备部	18							35			
010	aaa10	设备部								15			
011	aaa11	设备部								8			
012	aaa12	技术部											
013	aaa13	技术部											
014	aaa14	技术部	18										
015	aaa15	技术部											
016	aaa16	销售部		24									
017	aaa17	销售部								58			
018	aaa18	销售部											
019	aaa19	销售部											
020	aaa20	销售部											

合并表 | 1月 | 2月 | 3月 | 4月 | 5月 | 6月

图 4-10 各月考勤数据汇总

4.2.4 汇总工作簿中指定类型的工作表

很多情况下,工作簿内的工作表并不是都需要汇总,需要汇总的工作表也就是指定的某几个工作表,此时,需要先把工作表名称规范化,例如,每个月的工资表名称命名为"1月""2月""3月"等,这样就可以把"月"作为要汇总的工作表的关键字。

在工作表名称规范的情况下,可以通过工作表名称搜索要汇总的工作表,或者先设计要汇总的工作表数组,再循环每个工作表进行汇总。

图 4-11 所示的示例中有几个工作表(蓝色标签)要汇总,其他工作表不需要汇总。下面是参考代码。

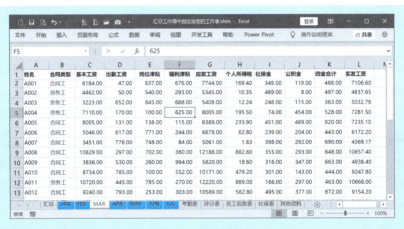

图 4-11　示例数据

```
Sub 汇总()
    Dim ws As Worksheet            '定义汇总表对象变量
    Dim wsx As Worksheet           '定义月份循环表对象变量
    Dim i As Long                  '定义循环变量
    Dim n As Long                  '定义每个月份工作表数据行数变量
    Dim p1 As Long                 '定义数据保存的起始位置变量
    Dim p2 As Long                 '定义数据区域最后一行变量
    Dim arr As Variant             '定义可变变量,保存各月份名称
    
    '将各月份名称,以数组形式保存到变量 arr
    arr = Array("JAN", "FEB", "MAR", "APR", "MAY", "JUN", "JUL")
    '指定具体的工作表
    Set ws = ThisWorkbook.Worksheets("汇总")
    With ws
```

```
        '清除汇总表的旧数据
        .Range("A2:M10000").Clear
        '指定数据最开始的保存位置
        p1 = 2
        '循环每个工作表,注意,默认情况下,数组的第一个元素的下标是 0
        For i = 0 To UBound(arr)
            '指定某个月工作表
            Set wsx = ThisWorkbook.Worksheets(arr(i))
            '统计某个月工作表数据行数
            n = wsx.Range("A1000").End(xlUp).Row
            '将某个月工作表数据复制到汇总表
            wsx.Range("A2:L" & n).Copy Destination:=.Range("B" & p1)
            '统计汇总表的数据行数
            p2 = .Range("B1000").End(xlUp).Row
            '在汇总表的 A 列输入月份名称
            .Range("A" & p1 & ":A" & p2).Value = arr(i)
            '统计下一个月份数据保存起始位置
            p1 = .Range("A1000").End(xlUp).Row + 1
        Next i
    End With
    '弹出信息框
    MsgBox " 汇总完毕 ", vbInFormation, " 汇总 "
End Sub
```

4.3 汇总多个工作簿的指定工作表数据

前面介绍的是汇总当前工作簿内的多个工作表,下面介绍如何利用 VBA 汇总不同工作簿的工作表。

汇总多个工作簿的基本思路是:循环打开每个工作簿,再复制粘贴数据(或者用 SQL 查询数据),然后关闭工作簿。这里的关键点包括:

（1）了解文件夹有哪些文件。
（2）打开工作簿。
（3）复制粘贴哪些数据。
（4）关闭工作簿。

4.3.1 每个工作簿只有一个工作表

如果每个工作簿内只有一个工作表,并且这些工作表的列结构完全相同,那么将这些工作簿数据合并汇总到一起的基本方法就是循环打开并复制每个工作簿。

图 4-12 示例中，当前文件夹里有 6 个要汇总的工作簿，每个工作簿中是每个分公司的 1 月份工资表，如图 4-13 所示。

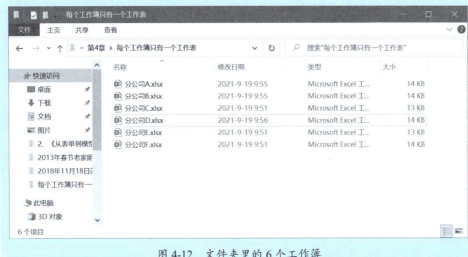

图 4-12　文件夹里的 6 个工作簿

图 4-13　每个工作簿中的工作表

考虑到 VBA 代码的通用性，首先搜索文件夹要汇总的工作簿，然后再打开、复制、粘贴。

新建一个工作簿，重命名为"汇总表.xlsm"，保存在该文件夹中。设计汇总表标题，如图 4-14 所示。

图 4-14 汇总表结构

参考代码如下。

```
Sub 汇总 ()
    Dim fso As Object, f As Object
    Dim fPath As String
    Dim ws As Worksheet
    Dim wbx As Workbook
    Dim wsx As Worksheet
    Dim i As Integer, n As Integer, m As Integer
    Dim p1 As Integer, p2 As Integer
    Dim fname(1 To 100) As String
    
    ' 搜索指定文件夹里要汇总的工作簿
    fPath = ThisWorkbook.Path & "\"
    Set fso = CreateObject("Scripting.FileSystemObject")
    m = 1
    For Each f In fso.GetFolder(fPath).Files
        If fso.GetExtensionName(f) = "xlsx" Then
            fname(m) = f.Name
            m = m + 1
        End If
    Next
    
    ' 开始汇总
    Set ws = ThisWorkbook.Worksheets(" 汇总 ")
    With ws
        .Range("A2:N10000").Clear
        p1 = 2
```

```
        For i = 1 To m – 1
            Set wbx = Workbooks.Open(Filename:=fPath & fname(i))
            Set wsx = wbx.Worksheets(1)
            n = wsx.Range("A10000").End(xlUp).Row
            wsx.Range("A2:L" & n).Copy Destination:=.Range("C" & p1)
            p2 = .Range("C10000").End(xlUp).Row
            .Range("A" & p1 & ":A" & p2).Value = Replace(fname(i), ".xlsx", "")
            .Range("B" & p1 & ":B" & p2).Value = "1 月 "
            p1 = .Range("C10000").End(xlUp).Row + 1
            wbx.Close savechanges:=False
        Next i
    End With
    MsgBox " 汇总完毕 "
End Sub
```

4.3.2 每个工作簿有多个工作表

假如每个工作簿内有多个工作表,并且有的工作簿内工作表多,有的工作簿内工作表少,也就是说,这些工作簿内的工作表个数并不一样多,下面讲解如何将它们汇总到一起。

例如,有几个分公司的工作簿,每个工作簿中保存着月工资表,有的分公司工作簿中有 12 个工作表,有的只有 9 个工作表。

此时,汇总的思路仍然是循环打开每个工作簿,再循环每个工作簿内的每个工作表,进行复制粘贴。

参考代码如下。

```
Sub 汇总 ()
    Application.Calculation = xlCalculationManual
    Dim fso As Object, f As Object
    Dim fPath As String
    Dim ws As Worksheet
    Dim wbx As Workbook
    Dim wsx As Worksheet
    Dim i As Integer, j As Integer, n As Integer, m As Integer
    Dim p0 As Integer, p1 As Integer, p2 As Integer
    Dim fname(1 To 100) As String

    ' 搜索指定文件夹里要汇总的工作簿
    fPath = ThisWorkbook.Path & "\"
```

```
        Set fso = CreateObject("Scripting.FileSystemObject")
        m = 1
        For Each f In fso.GetFolder(fPath).Files
            If fso.GetExtensionName(f) = "xlsx" Then
                fname(m) = f.Name
                m = m + 1
            End If
        Next

        ' 开始汇总
        Set ws = ThisWorkbook.Worksheets(" 汇总 ")
        With ws
            .Range("A2:N10000").Clear
            p0 = 2: p1 = 2
            For i = 1 To m – 1
                Set wbx = Workbooks.Open(Filename:=fPath & fname(i))
                For j = 1 To wbx.Worksheets.Count
                    Set wsx = wbx.Worksheets(j)
                    n = wsx.Range("A10000").End(xlUp).Row
                    wsx.Range("A2:L" & n).Copy Destination:=.Range("C" & p1)
                    p2 = .Range("C10000").End(xlUp).Row
                    .Range("B" & p1 & ":B" & p2).Value = wsx.Name
                    p1 = .Range("C10000").End(xlUp).Row + 1
                Next j
                .Range("A" & p0 & ":A" & p2).Value = Replace(fname(i), ".xlsx", "")
                p0 = .Range("C10000").End(xlUp).Row + 1
                wbx.Close savechanges:=False
            Next i
        End With
        Application.Calculation = xlCalculationAutomatic
        MsgBox " 汇总完毕 "
    End Sub
```

4.3.3 工作簿保存在不同文件夹中的情况

如果要汇总的工作簿保存在不同的文件夹中，一个方法是将这些工作簿复制到同一个文件夹，另一个方法是搜索所有子文件夹及其文件，然后再循环汇总。

图 4-15 和图 4-16 中有三个子文件夹，分别保存各大区的分公司工作簿，为简单

起见，这里每个工作簿只有一个工作表。

图 4-15 文件夹里的三个子文件夹

图 4-16 子文件夹里要汇总的工作簿

现在的情况是，不允许复制这些工作簿到同一个文件夹，参考代码如下。

```vba
Sub 汇总()
    Dim fso As Object, f As Object, fPath As String
    Dim ws As Worksheet
    Dim wbx As Workbook, wsx As Worksheet
    Dim i As Integer, n As Integer, m As Integer
    Dim p1 As Integer, p2 As Integer
    Dim ffolder As Variant
    Dim fname(1 To 50) As String
    
    '指定的要汇总的子文件夹
    ffolder = Array("北区", "南区", "东区")
    
    
    Set ws = ThisWorkbook.Worksheets("汇总")
    With ws
```

```
        .Range("A2:N10000").Clear
        p1 = 2

        For i = 0 To UBound(ffolder)
            '搜索指定文件夹里要汇总的工作簿
            fPath = ThisWorkbook.Path & "\" & ffolder(i) & "\"
            Set fso = CreateObject("Scripting.FileSystemObject")
            m = 1
            For Each f In fso.GetFolder(fPath).Files
                If fso.GetExtensionName(f) = "xlsx" Then
                    fname(m) = f.Name
                    m = m + 1
                End If
            Next

            '汇总该文件夹里的工作簿
            For j = 1 To m - 1
                Set wbx = Workbooks.Open(Filename:=fPath & fname(j))
                Set wsx = wbx.Worksheets(1)
                n = wsx.Range("A10000").End(xlUp).Row
                wsx.Range("A2:L" & n).Copy Destination:=.Range("C" & p1)
                p2 = .Range("C10000").End(xlUp).Row
                .Range("A" & p1 & ":A" & p2).Value = Replace(fname(j), ".xlsx", "")
                .Range("B" & p1 & ":B" & p2).Value = "1 月 "
                p1 = .Range("C10000").End(xlUp).Row + 1
                wbx.Close savechanges:=False
            Next j
        Next i
    End With
    MsgBox " 汇总完毕 "
End Sub
```

第 5 章

财务数据合并的 Tableau 方法

Tableau 是可视化软件,主要用于数据分析可视化,但其在数据采集与合并方面,同样有巨大的优势。

例如,数据的并集与关联,不论是在同一个文件夹,还是在不同的文件夹;不论是同一类型数据源,还是不同类型的数据源,Tableau 对数据的合并汇总,都易如反掌。

5.1 关于并集和关联

Tableau 在合并汇总数据时，常见的是数据并集和关联。

数据并集，就是将各个表数据堆积在一起，列数不变，行数增加，如图 5-1 所示。

图 5-1 数据并集的基本原理

数据关联，是通过关联字段，将多个表的数据汇总到一个表，列数增加，行数不增加，如图 5-2 所示。

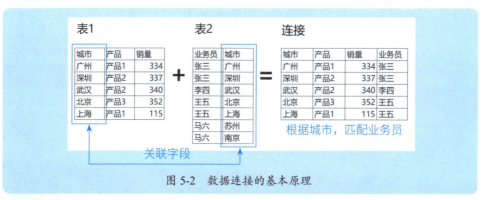

图 5-2 数据连接的基本原理

5.2 并集合并：一个 Excel 工作簿内多个工作表

并集是将字段相同的几个数据源堆积起来，就像复制粘贴到一起，行数增加。

Tableau 的并集功能非常强大，即使各表的字段顺序不一样，也能按照字段名来自动匹配归位。

下面结合实际案例，介绍如何将 Excel 工作簿内多个工作表合并。

5.2.1 创建并集的基本方法

图 5-3 是 Excel 文件"创建并集的基本方法.xlsx"的两个工作表，它们的字段名称、顺序完全一样，现在要把这两个表中的数据合并到一个新表中。

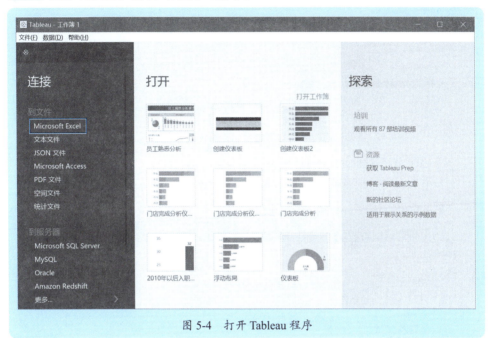

图 5-3 两个结构完全相同的表

步骤1 运行 Tableau 软件，如图 5-4 所示。

图 5-4 打开 Tableau 程序

步骤2 单击左侧"连接"列表中的"Microsoft Excel"命令，打开"打开"对话框，从文件夹里选择要分析的 Excel 文件"创建并集的基本方法.xlsx"，如图 5-5 所示。

图 5-5 选择要分析的 Excel 文件

步骤3 这样就建立了与 Microsoft Excel 的数据连接，如图 5-6 所示。

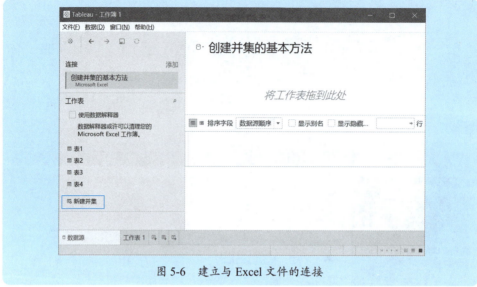

图 5-6　建立与 Excel 文件的连接

建立并集有两个简单的方法，下面分别予以介绍。

方法 1：在左侧边条中，选择两个表"表 1"和"表 2"（按住 Ctrl 键的同时单击表名），将其拖放到表操作区域，如图 5-7 所示。

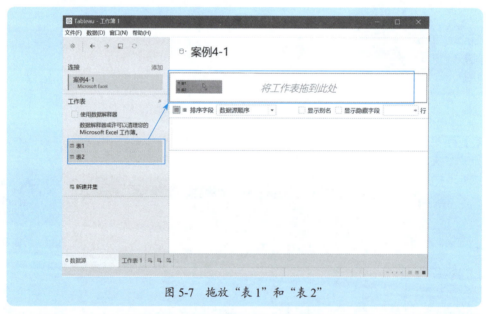

图 5-7　拖放"表 1"和"表 2"

方法 2：双击左侧"新建并集"按钮，打开"并集"对话框，保持当前默认显示的"特定（手动）"界面，在界面左侧选择要合并的两个表"表 1"和"表 2"，将它们一起拖放到"并集"对话框中（也可以一个一个拖放），如图 5-8 所示。

如果选错了工作表，还可以从"并集"对话框中将选错的工作表再拖出去。

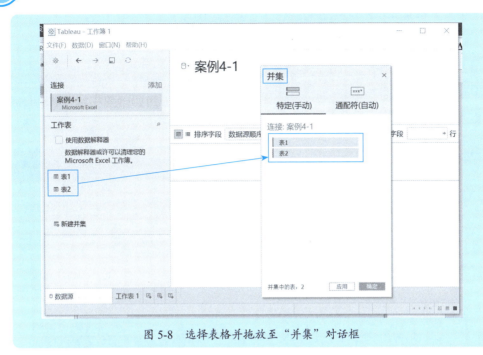

图 5-8　选择表格并拖放至"并集"对话框

这样就得到合并了两个表格后的并集，如图 5-9 所示。

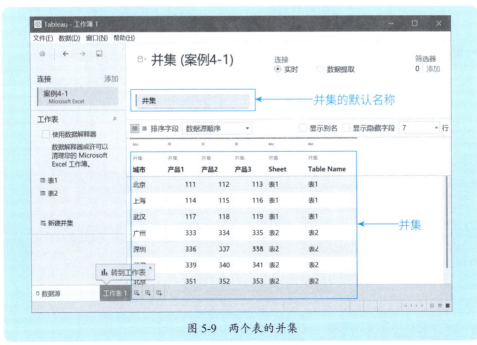

图 5-9　两个表的并集

并集的默认名称是"并集"，我们可以将其修改为一个容易辨认的名称，双击即可修改，如图 5-10 所示。

图 5-10　重命名合并表名称

此外，与原始表格相比，在得到的并集中，新增加了两列新数据：Sheet 和 Table Name，它们用来说明数据的来源，其中，Sheet 表示 Excel 的工作表，Table Name 表示 Tableau 里的工作表，两者的名称是一样的，因此隐藏其中一列，保留一列即可，然后再将字段名修改即可，如图 5-11 所示。

图 5-11　修改后的名称

5.2.2 合并一个工作簿内的全部工作表：列数、列顺序一样

如果要合并工作簿内的所有工作表，并且这些工作表的列数、列顺序完全一样，方法如下：双击"新建并集"，打开"并集"对话框，切换到"通配符（自动）"，保持默认设置，如图 5-12 所示，即可汇总工作簿内的全部工作表。

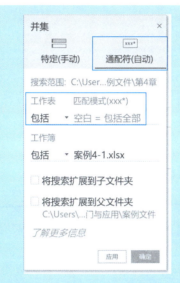

图 5-12　汇总工作簿内的全部工作表

这里的核心是工作表选项中，"包括"选项中默认的"空白 = 包括全部"。

5.2.3 合并一个工作簿内的全部工作表：列数一样，但列顺序不一样

Tableau 对每个表格的列次序没有特殊要求，会自动匹配相应字段，并集会合并这些工作表数据。

例如，如图 5-13 所示的两个工作表，它们的字段名称一样，但顺序不一样，现在要把这两个表数据以并集方式合并到一起。

图 5-13　列一样多，但顺序不一样的两个表

建立数据连接,并创建并集,得到如图 5-14 所示的并集表,每个表格的列次序对并集没影响。

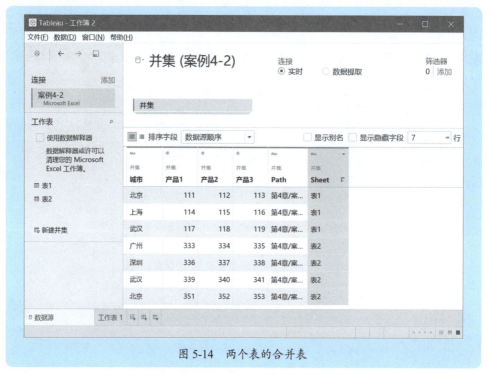

图 5-14 两个表的合并表

5.2.4 合并一个工作簿内的全部工作表:列数和列顺序不一样

例如,如图 5-15 所示的两个工作表,它们有个数不同的字段,有些字段是共有的,有些字段是某个表才有的,现在要把这两个表数据以并集方式合并到一起。

图 5-15 列不一样多,顺序也不一样的两个表

建立数据连接,并创建并集,得到如图 5-16 所示的并集。

仔细观察合并表的数据,Tableau 把每个表格相同的字段合并到了同一列,而单独的字段则列为新列,一个表有而另一个表没有的数据,被处理为空值(null)。

图 5-16 两个表的并集

这种情况的合并是很常见的,例如,各分公司的销售表做成了二维表,要将这些表格合并,分析每个产品的销售,以并集方式合并就是很好的方法。

5.2.5 合并一个工作簿中的部分特定工作表

前面介绍的是合并一个工作簿中的所有工作表。但在实际中,工作簿内可能会有很多工作表,我们仅仅需要合并某些特定的工作表,此时可以使用通配符对工作表名称进行关键词匹配查找并合并。

图 5-17 的示例中很多工作表,但我们只需要合并各月工作表(考虑到还会陆续增加各月工作表),这些工作表的特征就是工作表名以"月"结尾。

图 5-17 工作簿内的很多工作表

建立与本工作簿的连接，打开"并集"对话框，切换到"通配符（自动）"选项卡，在工作表"包括"输入栏中，输入"* 月"，其他设置保持默认，如图 5-18 所示。

图 5-18　输入"* 月"

单击"确定"按钮，工作表中以"月"结尾的工作表就进行了合并，如图 5-19 所示。

图 5-19　各月工作表的合并

在这个并集中，有两个新列 Path 和 Sheet，Path 表示当前工作簿路径和名称，此列没用，可以隐藏；Sheet 表示工作表名称，可以根据实际情况保留或隐藏。在本案例中，这两列都是不需要的，可将它们隐藏。

另外，这种合并能够自动刷新报告，增加了新月份的工作表后，只要刷新即可自动进行合并。

5.2.6 合并一个工作簿中除特定工作表外的其他工作表

在"交集"对话框的"通配符(自动)"选项卡中,还可以设置"排除"的匹配条件,即选择工作表下拉菜单的"排除",如图 5-20 所示。这样就可以把那些除指定的特定工作表以外的所有工作表进行合并。

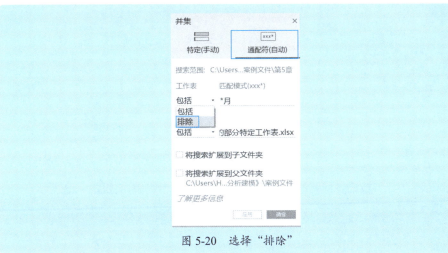

图 5-20 选择"排除"

如图 5-21 所示的示例中,当前工作簿中有 12 个月的工资表,它们的名称是数字 1、2、…、12,除此之外,还有 2 个工作表"2021 考勤汇总"和"2021 年奖金汇总"。现在的任务是要把 12 个月的工资表进行合并。

图 5-21 示例数据

由于要合并的 12 个月的工资表名称是数字,但其他不需要合并的两个工作表名称中以"汇总"两个字结尾(或者以"2021"开头),因此可以使用"排除"选项来合并。

建立与本工作簿的连接,打开"并集"对话框,切换到"通配符(自动)"选项卡，在工作表的选项中，选择"排除"并在输入栏中输入"* 汇总"（也可以输入 2021*），其他设置保持默认，如图 5-22 所示。

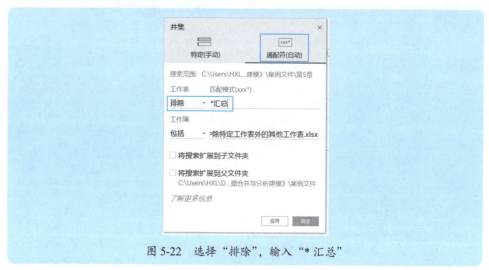

图 5-22　选择"排除"，输入"* 汇总"

单击"确定"按钮，即可快速对 12 个月工资表进行合并，如图 5-23 所示。

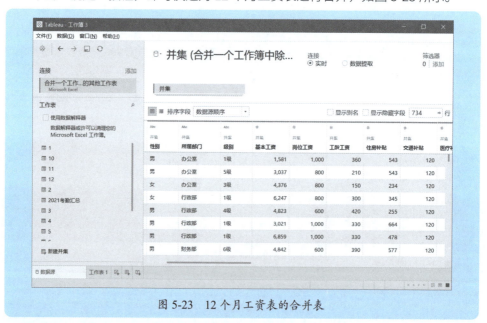

图 5-23　12 个月工资表的合并表

5.2.7　向已有的并集中追加新表

如果已经创建了并集，现在又有了新表，要求将这些新表追加到并集中，可以根据具体情况选择相应的方法。

1. 手动创建的并集

如果是手动创建的并集，那么可以选择这些新表，然后将其拖放到并集中即可。

添加新表到并集有两种方法：方法 1 是直接往表操作区域拖入工作表，方法 2 是使用并集对话框拖放工作表。

例如，假设工作簿中增加了 2 个新工作表"表 3"和"表 4"，示例数据如图 5-24 所示，要求将这两个表追加到并集中。

图 5-24 新增加的"表 3"和"表 4"

将工作簿保存，在 Tableau 中刷新数据连接，就增加了两个新表，如图 5-25 所示。

图 5-25 数据连接中增加了两个表

然后选择这两个新表，将其拖放到并集中，如图 5-26 所示。这是方法 1 的操作要点。

方法 2 是右击并集，在弹出的快捷菜单中选择"编辑并集"命令，如图 5-27 所示。

打开并集对话框，在左侧选择两个新表，将其拖放到对话框中，如图 5-28 所示，然后单击"确定"按钮。

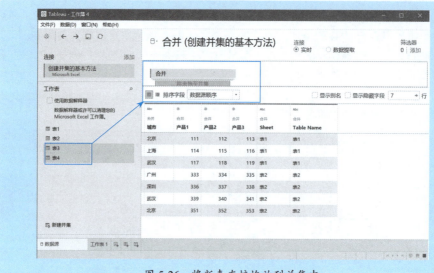

图 5-26 将新表直接拖放到并集中

图 5-27 "编辑并集"命令

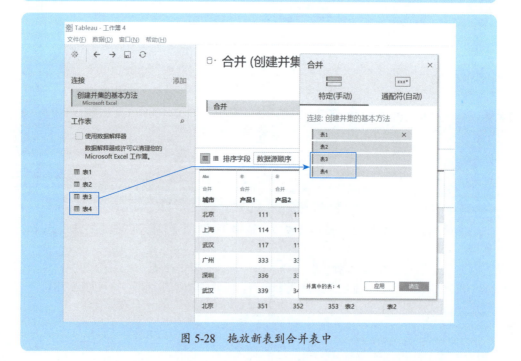

图 5-28 拖放新表到合并表中

这样新表数据就被追加到了并集中，如图 5-29 所示。

图 5-29　新表数据追加到并集中

2. 通配符自动创建的并集

如果是使用通配符自动创建的并集，要想把新增加的该类工作表添加到并集，就非常简单了，只需在数据源界面中单击"刷新"按钮 ⟳ 即可。

5.2.8　移除并集中不需要的表

如果想从并集中移除不需要的表，也需要根据创建并集的方法，来确定如何移除不需要的并集。

1. 手动创建的并集

对于手动创建的并集，要先打开并集对话框，然后单击要移除的表右侧的"移除"按钮 ✕ ，最后单击"确定"按钮，关闭并集对话框，如图 5-30 所示。

2. 通配符自动创建的并集

对此类并集，要将并集中的某个工作表移除，可以在 Excel 工作簿中将该工作表删除，或者将这个工作表名称中的关键词替换为其他备注文字（目的就是排除这个表），然后保存工作簿，再刷新数据连接。

图 5-30　单击"移除"按钮 ✕

5.3 并集合并:多个 Excel 工作簿

前面介绍的是一个 Excel 工作簿内的 N 个工作表的合并问题。在实际工作中,经常遇到要把几个工作簿的数据合并分析,不论这些工作簿内是只有一个工作表,还是有多个工作表,此时也可以创建并集进行合并。

5.3.1 同一个文件夹里的所有工作簿

最简单的情况是,要合并的工作簿保存在同一个文件夹,此时可以使用并集里的通配符工具来快速合并这些工作簿数据。

图 5-31 所示的文件夹"门店月销售数据"中有 3 个工作簿,每个工作簿有个数不等的工作表,分别保存每个店铺在该月的销售数据:2020 年 01 月 .xlsx 有 6 个工作表;2020 年 02 月 .xlsx 有 9 个工作表;2020 年 03 月 .xlsx 有 10 个工作表。现在的任务是将这 3 个工作簿的所有工作表数据合并到一起。

图 5-31 同一文件夹中保存的 3 个工作簿

打开 Tableau,先连接到该文件夹中的任一 Excel 文件,如图 5-32 所示。

双击界面左侧的"新建并集"按钮,打开"并集"对话框,切换到"通配符(自动)"选项卡,在图 5-33 中进行如下设置。

(1)在工作表中选择"包括",并留空,表明要汇总工作簿中的所有工作表。

(2)在工作簿中选择"包括",并留空,表示要汇总该文件夹里的所有工作簿,以及每个工作簿中的所有工作表。

单击"确定"按钮,将该文件夹中的所有工作簿及所有工作表数据进行合并,如图 5-34 所示。

在这个并集表中,有一列 Path,它指出了文件的路径及文件名,可以从该列提取工作簿名称(代表日期,当然,对本例而言没什么必要,因为每个工作表已经有了日期,因此可以隐藏本列)。

还有一列 Sheet,是每个工作簿中的工作表名,代表的是门店名称,因此把默认的字段名 Sheet 改为"门店"。

最后将默认的并集名字"并集"改为"汇总表",同时把连接数据源的默认名称"并集 (2022 年 01 月)"修改为"门店分析",则数据源如图 5-35 所示。

图 5-32 连接文件夹的某个文件

图 5-33 工作表和工作簿都留空

图 5-34 合并文件夹里所有的数据

图 5-35 整理好后的合并表

5.3.2 同一个文件夹里的部分工作簿

如果文件夹里保存很多文件，但有些工作簿不需要合并汇总，只汇总那些需要的工作簿（这些工作簿的名称由关键词来匹配），此时可以使用通配符来找出要合并的工作簿。

例如，如图5-36所示的"门店销售"文件夹中有很多文件，现在要合并每个月的门店月报数据，这些工作簿名称中都有"门店月报"4个字。

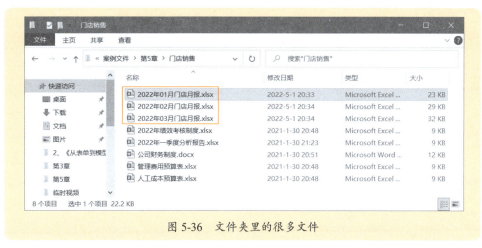

图5-36 文件夹里的很多文件

由于要汇总的工作簿名称中都有"门店月报"关键字，因此在"并集"对话框中，在工作簿的包括栏中输入"*门店月报*"，其他保持默认，如图5-37所示。

图5-37 输入"*门店月报*"

单击"确定"按钮，对文件夹中的文件名称包含"门店月报"的所有工作簿进行合并汇总，如图5-38所示。

最后再根据需要，对最后两列进行处理，修改并集名称。

图 5-38　合并汇总表

如果文件夹里要合并的工作簿名称没什么规律，但是不需要合并的工作簿名称有规律可循，那么可以在"并集"对话框中使用"排除"选项进行合并。

5.3.3 不同文件夹里的所有工作簿

不同类别的工作簿有时会保存在不同文件夹中，以方便管理，例如，按分公司创建文件夹，然后在每个分公司文件夹里保存各自的 12 个月工资表。如果要合并这些文件夹里的所有工作簿，也可以创建并集快速完成。

图 5-39 所示的"分公司工资"文件夹中有 4 个子文件夹，保存各分公司的各月工资工作簿，如图 5-40 所示。每个工作簿中仅有一个工作表，是该月的工资数据，如图 5-41 所示。

图 5-39　4 个子文件夹

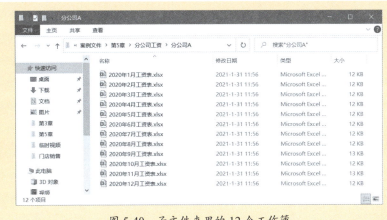

图 5-40　子文件夹里的 12 个工作簿

图 5-41　每个工作簿数据

这种合并需要对每个文件夹进行搜索合并。下面是主要的方法和步骤。

首先，建立与这几个子文件夹中的任一工作簿的数据连接，例如，建立与子文件夹"分公司 A"的"2020 年 1 月工资表.xlsx"的连接，如图 5-42 所示。

图 5-42　建立与任一文件夹中的任一工作簿连接

将默认的"1月"工作表拖出数据工作区,如图 5-43 所示。

图 5-43 拖出默认放置的工作表"1月"

双击界面左侧的"新建并集"按钮,打开"并集"对话框,切换到"通配符(自动)"选项卡,进行如图 5-44 所示的设置。

(1) 在工作表中选择"包括",并留空,表明要汇总工作簿中的所有工作表。
(2) 在工作簿中选择"包括",并留空,表示要汇总该文件夹中的所有工作簿。
(3) 选中"将搜索扩展到父文件夹"复选框,表示包括本文件所在的文件夹以及父文件夹,本案例中就是 4 个分公司的文件夹。

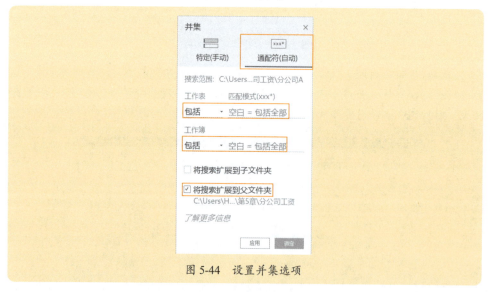

图 5-44 设置并集选项

🔔 **说明:**

关于文件夹的选项有两个,一个是"将搜索扩展到父文件夹"复选框,另一个是"将搜索扩展到子文件夹"复选框,具体选择哪个,取决于连接的工作簿保存在哪里。

单击"确定"按钮，开始进行查询，得到4个文件夹中共48个工作簿的合并表，如图5-45所示。

图 5-45　4个文件夹中共48个工作簿的合并表

对右侧倒数第2列的字段 Path 进行分列，提取出斜杠"/"之前的文本，得到分公司名称，并将拆分出来的字段名称重命名为"分公司"。

将最后一列 Sheet 重命名为"月份"，并修改数据连接名称和并集名称，得到我们需要的合并表，如图5-46所示。

图 5-46　4个分公司年度工资合并表

5.3.4　不同文件夹里的部分工作簿

如果要合并不同文件夹里指定的某些工作簿，只需要在"包含"里设置通配符，要完成这样的工作,要先对工作簿的名称做规范处理。当然,也可以使用"排除"选项，并设置通配符。

感兴趣的读者可以自行练习，此处不再详细介绍。

5.3.5 文件夹里的部分工作簿的部分工作表

如果要合并不同文件夹里指定的部分工作簿的部分工作表，则需要同时设置工作表和工作簿"包含"选项（或者"排除"选项)，并设置通配符。要完成这样的工作，就需要先对工作簿名称和工作表名称做规范处理。

感兴趣的读者，可以自行练习，此处不再详细介绍。

5.4 关联合并：一个 Excel 工作簿内的多个工作表

前面介绍的是工作表的并集合并，也就是将这些工作表数据堆在一起。在实际数据分析中，经常会遇到将几个有关联的表格，通过指定字段进行关联，连接合并，生成一个新数据表，这就是关联表合并问题，又称数据连接。

数据连接有以下四种方式：
- 内部连接。
- 左侧连接。
- 右侧连接。
- 完全外部连接。

5.4.1 内部连接

内部连接就是将几个表中都存在的数据搜索合并到一张新表上，只存在其中一个表的数据被排除在外。

1. 两个表的内部连接

先用一个简单的例子说明内部联结的原理及其结果。

图 5-47 所示是两个数据表"表 1"和"表 2"，第一列是维度"项目"，两个表有一些共有的项目，但两个表的数据（度量）是不同的，现在要把它们连接在一起，生成一个合并表，保存两个表都有的项目。

如图 5-48 所示就是建立内部连接，也就是查询合并两个表都有的项目。

图 5-47 示例数据

图 5-48 建立 Excel 工作簿连接

将界面左侧的"表1"和"表2"分别拖放到表操作区域，注意要左右放置表，这样就自动生成了内部连接，同时生成一个合并表，如图 5-49 所示，两个表之间的连接图标⊙就表示内部连接。

图 5-49 拖放两个表，自动内部连接

在合并表中获取了两个表的所有列，以及满足条件的行，因此在列数上，比原始表增加了。在本例中，由于两个表的项目名称是一样的，因此可以将字段"项目(表2)"隐藏，就得到我们需要的合并表，如图5-50所示。

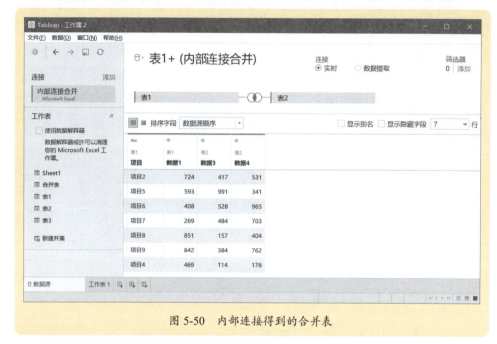

图 5-50　内部连接得到的合并表

2. 多个表的内部连接合并

还可以对多个表格进行内部连接，获取这些表中都存在的项目。例如，又增加一个"表3"，其数据如图5-51所示。

图 5-51　表3的项目数据

将3个表进行内部连接，得到3个表的合并表，如图5-52所示。

图 5-52 三个表的内部连接，获取 3 个表都有的项目

5.4.2 左侧连接

左侧连接，就是左侧表的所有数据全部保留，而右侧表中的数据如果在左侧表中不存在，就会处理为空值 null，左侧连接的结果示例如图 5-53 所示。

图 5-53 左侧连接的结果

由于默认情况下的连接是内部连接，因此需要单击两个表格中间的连接图标，展开连接方式，选择"左侧"，如图 5-54 所示。

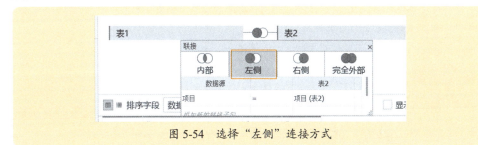

图 5-54 选择"左侧"连接方式

这两个表的左侧连接结果如图 5-55 所示。

图 5-55　左侧连接的结果

再把"表 3"拖进去，做左侧连接，结果如图 5-56 所示。

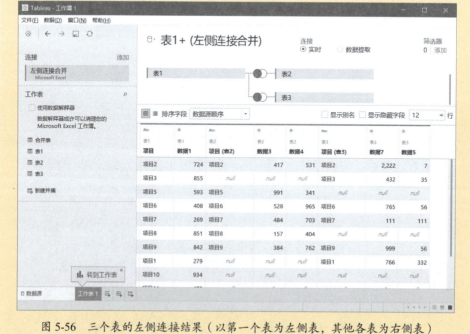

图 5-56　三个表的左侧连接结果（以第一个表为左侧表，其他各表为右侧表）

如图 5-57 所示，Excel 文件名是"销售记录表 .xlsx"，它有 2 个表："销售明细"保存的是销售明细数据，只有日期、产品名称和销量，"产品资料"保存着每个产品的基本信息，包括产品编码、产品名称、规格和价格。

现在要把"产品资料"表的数据，根据产品名称，匹配到"销售明细"，这相当于在"销售明细"表中，使用 VLOOKUP 函数，从"产品资料"表里做数据匹配查找。

图 5-57 "销售明细"和"产品资料"

建立查询，做左侧连接，得到一个信息完整的数据表，如图 5-58 所示。最后再对表格进行整理，隐藏多余的产品名称列。

图 5-58 信息完整的产品销售数据表

5.4.3 右侧连接

右侧连接，就是右侧表的所有数据全部保留，而左侧表中的数据如果在右侧表中不存在，就会处理为空值，示例效果如图 5-59 所示。

图 5-59 右侧连接的结果

Tableau 右侧连接的结果如图 5-60 所示。

图 5-60 Tableau 右侧连接的结果

实际上，将两个表左右互换，可以根据具体情况，选择是左侧连接还是右侧连接，这取决于主表在左还是在右。

5.4.4 完全外部连接

完全外部连接，就是获取两个表所有数据。如果某个数据在一个表中有，而在另一个表中没有，就会作为空值来处理。这种情况下，在合并后就需要对空值进行处理，例如，合并不匹配字段。

完全外部连接的结果如图 5-61 所示。

图 5-61　完全外部连接的结果

可见，Tableau 会以一个完整的项目列表来匹配各表格的数据，如果有就保留，如果没有就是空值。

因此，在本例中，需要先选择第一列"项目"和第三列"项目（表 2）"，然后执行右键快捷菜单中的"合并不匹配的字段"命令，如图 5-62 所示，得到一个数据完整的合并表，如图 5-63 所示，最后再修改字段名。

图 5-62　"合并不匹配的字段"命令

图 5-63　合并不匹配的字段后得到的完整数据表

5.4.5　多字段连接

　　在连接表格时，Tableau 会自动判断要连接的字段，默认情况下会将第一列作为连接字段，并自动设置为内部连接。

　　在实际数据分析中，我们可以灵活选择连接字段，并添加新的连接字段。

　　图 5-64 是去年和今年各客户各种产品销售统计一维表，现在要对在两年内购买了相同产品的存量客户进行同比分析。

图 5-64　两年销售示例数据

首先建立数据连接,将"今年"和"去年"的工作表拖到数据区域,默认为内部连接,然后设置如下的连接子句,如图 5-65 所示。

第 1 个子句:两个表格的字段"客户"建立相等(=)关系。

第 2 个子句:两个表格的字段"产品"建立相等关系。

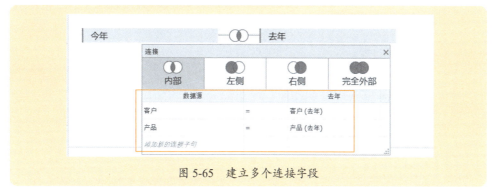

图 5-65　建立多个连接字段

这样就得到图 5-66 所示的连接表。

图 5-66　两年购买相同产品的存量客户

隐藏"去年"工作表的客户列和产品列,并将默认的"销售额"和"销售额(去年)"分别重命名为"今年销售额"和"去年销售额",然后再创建一个计算字段"同比增长率",如图 5-67 所示,计算公式为:

SUM([今年销售额])/SUM([去年销售额])–1

图 5-67 "同比增长率"字段

得到如图 5-68 所示的报表。

图 5-68 两年购买相同产品的存量客户同比报表

上面介绍的是对字符串字段进行连接条件设置,我们也可以对数值字段进行连接条件设置。例如,要把两年都购买了同一产品、并且今年销售额大于去年销售额的存量客户进行筛选对比,可以设置如图 5-69 所示的连接条件。得到的结果就是销售额同比增加的存量客户,如图 5-70 所示。

不过要注意,这里的条件"今年销售额 > 去年销售额",指的是每个客户对应某个产品的总销售额,而不是某个销售记录(某行数据)的单个销售额。

图 5-69 对不同数据类型字段，设置不同条件

图 5-70 销售额同比增加的存量客户

5.4.6 多表不同字段的连接与整合

如果要合并的数据表有多个，我们可以根据这些数据表的不同字段的不同连接关系，建立更加复杂的关联合并。

图 5-71 是工作簿"多表不同字段连接与整合 .xlsx"中的 4 个工作表，分别保存销售明细信息、产品信息、业务员信息和业务员职位，现在要将这 4 个表格合并为一个表，将类别、业务员名称、职位匹配进去。各表格之间的关联逻辑如下：

- "类别"是通过产品名称关联的。
- "业务员名称"是通过客户名称关联的。
- "职位"是通过业务员名称关联的。

图 5-71 示例数据

建立数据连接,对 4 个表做如图 5-72 所示的连接。

图 5-72 连接表

这里,"销售明细"与"产品资料"的连接是左侧连接,连接子句是两个表的字段"产品名称"匹配,如图 5-73 所示。

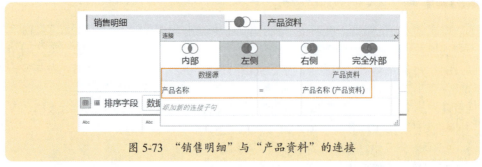

图 5-73 "销售明细"与"产品资料"的连接

"销售明细"与"客户资料"的连接是左侧连接,连接子句是两个表的字段"客户名称"匹配，如图 5-74 所示。

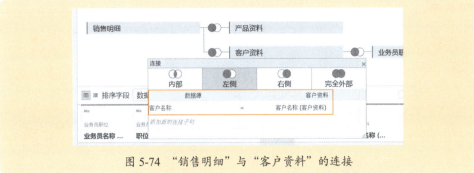

图 5-74 "销售明细"与"客户资料"的连接

"客户资料"与"业务员职位"的连接是左侧连接，连接子句是两个表的字段"业务员名称"匹配，如图 5-75 所示。

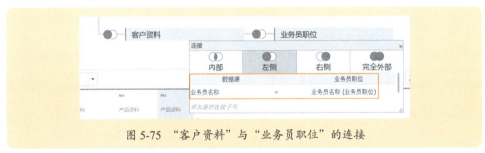

图 5-75 "客户资料"与"业务员职位"的连接

最后，将非必需字段隐藏，重命名字段名称，就得到 4 个表的合并表，如图 5-76 所示。

图 5-76 完成的合并表

5.4.7 不同数据来源的表连接合并

前面介绍的是在同一个数据源中连接各表。实际上，这种方法也可以连接不同数据源的表，方法和步骤是一样的。

图 5-77 所示是一个文本文件"员工信息 .csv"，用于保存员工基本信息；图 5-78 所示是 Excel 工作簿"工资表 .xlsx"，用于保存每个员工的工资数据。

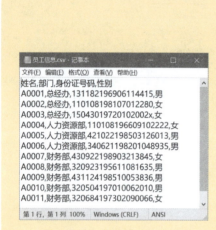

图 5-77　文本文件的基本信息

图 5-78　Excel 里的工作表

首先建立与任一数据源的连接，例如先与文本文件建立连接，如图 5-79 所示。

图 5-79　先建立与文本文件的连接

再单击数据源界面左上角的"添加"按钮,建立与 Excel 文件的连接,将"工资表"拖放至数据区域,就自动建立了连接,默认是以字段"姓名"做关联,如图 5-80 所示。

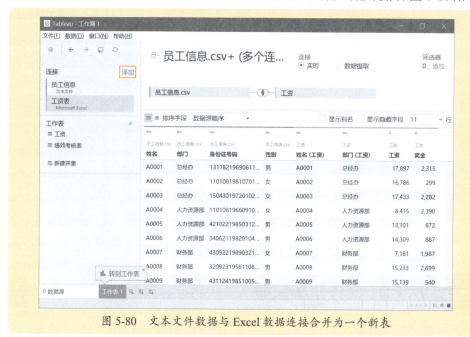

图 5-80　文本文件数据与 Excel 数据连接合并为一个新表

将不需要的字段隐藏,就得到一个完整的员工信息及工资的合并表,如图 5-81 所示。

图 5-81　文本文件和 Excel 文件连接合并的数据表

5.4.8 编辑连接

当发现连接合并的结果不满足要求时，可以重新编辑连接。单击表格之间的连接图标，打开"连接"对话框，然后重新选择连接方式、设置新的连接子句，或者删除某个连接子句，设置之后关闭"连接"对话框。

删除某个连接子句的方法是，单击该子句右侧的"删除"按钮，如图 5-82 所示。

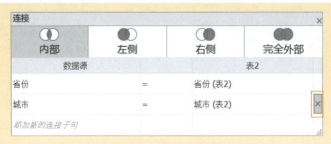

图 5-82 删除连接子句

5.5 从 PDF 文件采集数据

如果想分析某上市公司的财报，从相关网站下载的公司财报是 PDF 格式的，此时一般要复制粘贴财报里的财务数据，还要调整格式，比较麻烦。使用 Tableau 就简单多了，因为 Tableau 可以直接连接 PDF 文件，搜索并提取 PDF 文件里的表格数据。

5.5.1 一个简单的 PDF 表格文件

对于一个简单的 PDF 文件，一般情况下，Tableau 可以正确提取 PDF 文件里的表格，尽管有些情况下，可能会出现一些表格标题的问题，不过这样的问题很容易解决。

图 5-83 所示是"宏达科技资产负债表.pdf"文件。现在要连接这个文件，提取里面的资产负债表数据，以便于进行分析。

打开 Tableau，在左侧命令菜单中执行"PDF 文件"命令，如图 5-84 所示。

从文件夹中选择"宏达科技资产负债表.pdf"文件，如图 5-85 所示。

单击"打开"按钮，弹出"扫描 PDF 文件"对话框，如图 5-86 所示，我们可以指定要扫描的页面，其中有 3 个选项：

- "全部"：表示扫描整个 PDF 文档。
- "单个页面"：表示扫描指定页面的文档。
- "范围"：表示扫描文档的第几页到第几页。

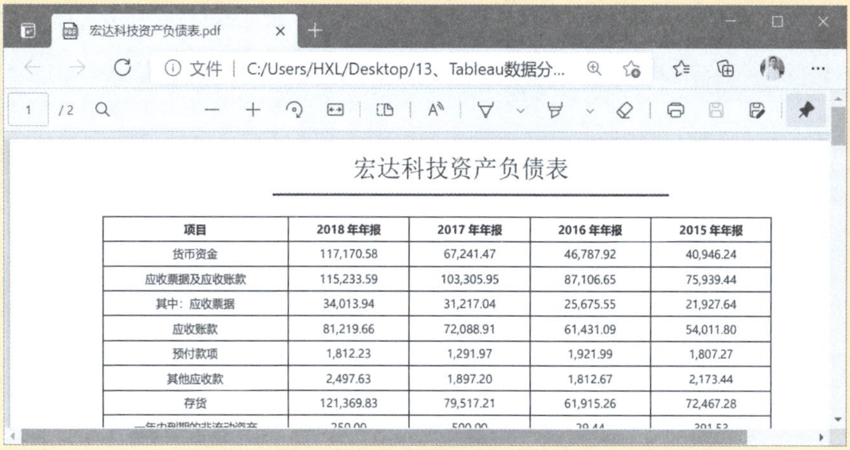

图 5-83 "宏达科技资产负债表 .pdf" 文件

图 5-84 "PDF 文件"命令

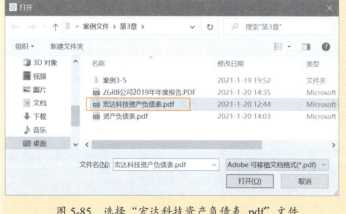

图 5-85 选择"宏达科技资产负债表 .pdf"文件

图 5-86 设置 PDF 文件的扫描区域

设置好之后单击"确定"按钮，得到该 PDF 里面的表格数据，如图 5-87 所示。

图 5-87　扫描提取 PDF 文件里的表格数据

不过，并不是任何情况下，都能从 PDF 文件里得到完整规范的表格。如图 5-88 所示的 PDF 文件"资产负债表.pdf"，使用 Tableau 得到的默认情况如图 5-89 所示。

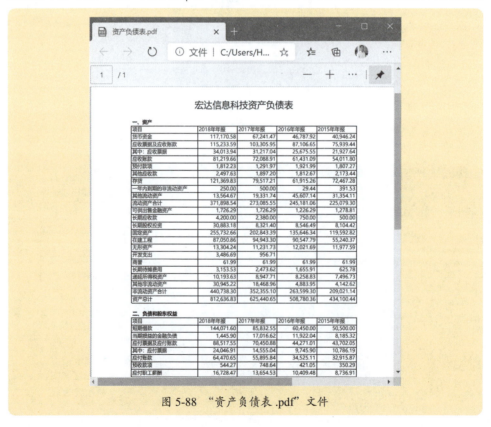

图 5-88　"资产负债表.pdf"文件

图 5-89　连接"资产负债表.pdf"文件得到的两个表

此时，得到两个表"Page 1 Table1"和"Page 2 Table2"，将其中的一个拖放到右侧的工作区，可以看到标题并不是真正的标题名称，而是 F1、F2……，如图 5-90 所示，即使是使用数据解释器，标题也是不对的，如图 5-91 所示。

图 5-90　默认的表格标题 F1、F2……

此时，我们只能采用默认的标题 F1、F2……，然后参照原始 PDF 文档的标题，将两个表的标题进行手动修改，如图 5-92 所示。

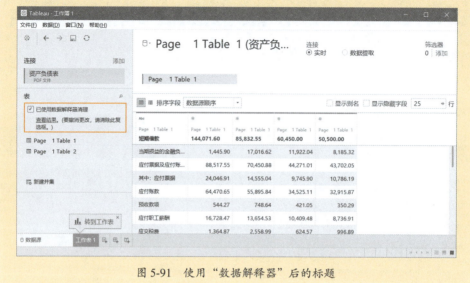

图 5-91 使用"数据解释器"后的标题

图 5-92 手动修改后的标题

5.5.2 从 PDF 报告中提取表格数据

前面介绍的是比较简单的例子，一个 PDF 文件中只有一个或几个表格，没有其他的文字。实际工作中，这种还是很少见的，更常见的情况是一个完整的 PDF 文件，有文字，有图，有表格，例如上市公司财报中客户报价单，等等。此时，Tableau 会扫描出很多表格，此时在选择表格时就变得比较困难。

例如，从网站上下载的 PDF 文件是 ZGRB 公司的 2019 年年报，文件名是"ZGRB 公司 2019 年年度报告 .PDF"，如果扫描全部文档，扫描时间可能会较长，而且得到的结果包括很多表格，如图 5-93 所示。

图 5-93 扫描整个 PDF 文件得到的可利用表格

此时最好浏览 PDF 文件,确定从 PDF 文件中的第几页提取表格数据,然后在"扫描 PDF 文件"对话框中,指定要扫描的页面,这样要快得多,也准确得多。

不管怎样,Tableau 为我们提供了一种直接从 PDF 文件获取表格数据的方法,尽管这种方法不是很完美,对于很多 PDF 文件中的表格并不能达到 100% 的识别效果(这取决于 PDF 文件制作者对表格的处理方式,有些 PDF 文件里的表格是很规范的,但也有部分 PDF 文件的表格很不规范),但仍然节省了我们大量的时间。

5.5.3 从 PDF 报告中合并表格数据

前面介绍的是从 PDF 文件中提取某个指定的表格数据,我们也可以使用并集或关联方法,将几个表格合并起来。

例如,图 5-94 所示的"前 5 月利润表 .PDF"文件,为前 5 个月的利润表,保存在 PDF 文件中,是 5 个表格,现在要把这 5 个表格数据合并起来,以便进一步分析。

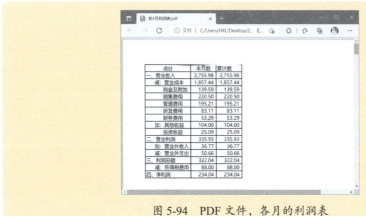

图 5-94 PDF 文件,各月的利润表

建立数据连接，如图 5-95 所示，在左侧窗格出现了 5 个表格，可以先分别将每个表格拖至工作表区进行检查，看是否规范，如果不规范，可以使用数据解释器进行整理。

图 5-95　连接 PDF 文件，搜索到 5 个表格

建立并集，如图 5-96 所示。

图 5-96　建立并集

这个并集表中，最右侧一列是默认的表名，我们需要将其修改为具体的月份名称，此时，可以在 Tableau 上进行修改，也可以导出到 Excel 文件里进行修改。

如果要在 Tableau 上对数据进行可视化分析，可以按照下面的方法修改月份名称。单击组右侧一列标题的下拉箭头，展开菜单列表，执行"别名"命令，如图 5-97 所示。

图 5-97 "别名"命令

打开"编辑别名"对话框,如图 5-98 所示,修改别名,如图 5-99 所示。

图 5-98 "编辑别名"对话框　　　　图 5-99 修改每个成员的别名

得到如图 5-100 所示的表。

图 5-100 修改别名(月份名称)后的表

最后将默认的字段名称"Table Name"修改为"月份",并设置本月数和累计数的数据类型。这样就可以使用表格进行分析了,图 5-101 是分析指定项目各月数据变化趋势图,图 5-102 是分析三大费用各月的变化情况图。

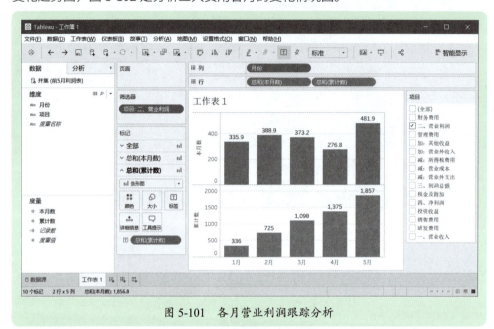

图 5-101　各月营业利润跟踪分析

图 5-102　各月的期间费用变化趋势分析

第6章

财务分析建模：财务报表分析

一般来说，财务报表分析是指对利润表、资产负债表和现金流量表的分析，重点是分析表内结构、表间关系、时间变化，以及预实分析和同比分析。本章，我们重点介绍这几方面的分析，构建一键刷新的自动化分析模板。

6.1 利润分析

利润表是一张反映收入、成本、费用、利润的综合计算表，它含有丰富的信息，我们不仅要跟踪利润表中重要项目的变化，还要了解造成这些变化的内在原因。

本案例的源数据是去年的各月利润表、今年的各月实际利润表，以及今年各月的预计利润表，用来建立利润表基本分析模型。本案例的文件是"利润表分析模板.xlsx"。

图 6-1 ~ 图 6-3 分别是去年各月利润表汇总、今年各月预计利润表汇总和今年各月利润表。

	A	B	C	D	E	F	G	H	I	J	K	L	M	N
1	项目	1月	2月	3月	4月	5月	6月	7月	8月	9月	10月	11月	12月	全年
2	一、营业收入	1,725.03	1,960.17	1,963.40	2,220.71	2,455.18	2,703.92	2,618.21	2,267.77	2,187.22	2,978.15	1,945.61	2,469.47	27,494.84
3	减：营业成本	1,263.02	1,488.74	1,355.69	1,678.41	1,761.81	1,506.98	1,807.76	1,418.36	1,245.09	1,701.93	1,143.87	1,529.24	17,900.90
4	税金及附加	9.86	21.92	27.32	67.05	99.46	129.04	99.39	192.05	345.50	273.10	141.84	263.14	1,669.67
5	销售费用	71.19	11.84	55.28	97.70	146.39	186.59	128.98	184.13	127.13	189.50	183.87	173.89	1,556.49
6	管理费用	83.19	149.10	131.40	55.91	32.33	282.87	122.94	175.70	189.69	278.57	140.30	182.61	1,824.61
7	研发费用	32.50	16.96	65.94	67.07	193.04	125.72	77.70	175.81	13.40	85.10	117.48	91.11	1,061.83
8	财务费用	25.83	17.10	14.74	28.05	64.29	32.87	63.98	65.29	61.08	94.38	66.06	85.03	618.70
9	加：其他收益	3.13	25.67	3.06	71.16	391.70	16.45	42.97	81.39	9.19	112.47	95.47	51.13	881.09
10	投资收益	16.30	26.07	52.87	13.22	8.01	89.98	62.61	75.87	93.66	16.09	41.09	51.58	547.35
11	二、营业利润	258.87	283.08	368.96	310.90	557.57	546.28	423.04	213.69	308.18	484.13	289.22	247.16	4,291.08
12	加：营业外收入	2.33	4.18	6.79	6.07	23.26	7.00	40.90	8.69	9.98	108.93	311.07	97.22	626.42
13	减：营业外支出	7.16	0.36	0.39	17.69	39.67	26.34	18.26	1.20	11.76	72.39	60.00	78.95	334.17
14	三、利润总额	254.04	286.90	375.36	299.28	541.16	526.94	445.68	221.18	306.40	520.67	540.29	265.43	4,583.33
15	减：所得税费用	99.17	74.00	86.00	86.54	171.35	186.19	152.77	99.75	100.06	132.37	116.78	134.80	1,439.78
16	四、净利润	154.87	212.90	289.36	212.74	369.81	340.75	292.91	121.43	206.34	388.30	423.51	130.63	3,143.55

图 6-1　去年各月利润表汇总

	A	B	C	D	E	F	G	H	I	J	K	L	M	N
1	项目	1月	2月	3月	4月	5月	6月	7月	8月	9月	10月	11月	12月	全年
2	一、营业收入	2,491.80	2,315.85	2,315.94	2,858.07	3,037.52	2,684.49	2,693.32	2,293.96	2,033.60	2,630.80	2,852.92	2,555.05	30,762.75
3	减：营业成本	1,567.40	1,598.22	1,423.93	2,319.70	1,932.81	1,867.38	2,020.36	1,675.42	1,332.69	1,809.35	2,037.60	1,623.25	21,208.10
4	税金及附加	167.69	106.69	166.22	45.60	83.11	173.60	169.90	108.85	36.77	196.37	94.14	105.17	1,454.11
5	销售费用	141.95	188.28	134.59	95.61	103.70	144.89	128.00	192.70	160.33	162.54	78.70	89.73	1,621.02
6	管理费用	81.69	120.63	131.96	156.68	128.73	117.68	105.17	113.26	250.04	75.75	133.43	91.20	1,506.23
7	研发费用	93.41	15.45	136.80	119.15	61.04	47.81	82.37	49.28	72.81	68.40	183.13	186.81	1,116.46
8	财务费用	24.28	19.86	21.33	10.30	12.50	15.45	65.46	84.58	10.30	17.65	75.02	69.87	426.59
9	加：其他收益	14.71	185.34	38.24	125.77	13.24	241.97	210.35	261.83	231.68	63.99	220.64	159.00	1,767.35
10	投资收益	47.22	50.19	39.59	57.44	8.09	14.48	14.95	25.79	44.89	43.34	42.57	60.38	448.93
11	二、营业利润	477.31	501.68	378.95	294.24	736.95	574.15	347.36	357.49	447.22	408.06	514.11	609.00	5,646.53
12	加：营业外收入	27.00	44.00	177.00	344.00	78.00	111.00	360.00	310.00	178.00	371.00	143.00	165.00	2,308.00
13	减：营业外支出	15.00	41.00	19.00	103.00	107.00	94.00	42.00	59.00	33.00	5.00	18.00	53.00	589.00
14	三、利润总额	489.31	504.68	536.95	535.24	707.95	591.15	665.36	608.49	592.22	774.06	639.11	721.00	7,365.53
15	减：所得税费用	88.00	118.00	134.00	144.00	164.00	110.00	178.00	183.00	71.00	162.00	86.00	158.00	1,596.00
16	四、净利润	401.31	386.68	402.95	391.24	543.95	481.15	487.36	425.49	521.22	612.06	553.11	563.00	5,769.53

图 6-2　今年各月预计利润表汇总

利润完成情况，至少需要从以下几方面来分析：
- 截止到当前月份，累计利润的完成情况如何？
- 每个月的利润是如何变化的？
- 累计利润或某个月利润超预算或者未完成的原因是什么？
- 这些影响因素，在每个月是如何变化的？波动大不大？
- 这些影响因素与去年同期相比，增长或下降情况如何？
- 影响利润的各因素，其占收入的比例呈什么样的变化趋势？
- 今年预算究竟做得是否合理？
- 其他一些对比分析和趋势分析。

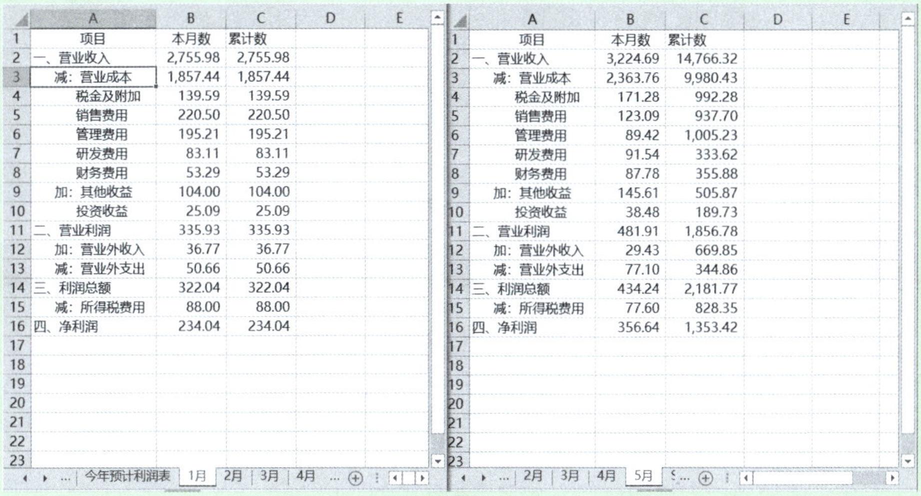

项目	本月数	累计数
一、营业收入	2,755.98	2,755.98
减：营业成本	1,857.44	1,857.44
税金及附加	139.59	139.59
销售费用	220.50	220.50
管理费用	195.21	195.21
研发费用	83.11	83.11
财务费用	53.29	53.29
加：其他收益	104.00	104.00
投资收益	25.09	25.09
二、营业利润	335.93	335.93
加：营业外收入	36.77	36.77
减：营业外支出	50.66	50.66
三、利润总额	322.04	322.04
减：所得税费用	88.00	88.00
四、净利润	234.04	234.04

项目	本月数	累计数
一、营业收入	3,224.69	14,766.32
减：营业成本	2,363.76	9,980.43
税金及附加	171.28	992.28
销售费用	123.09	937.70
管理费用	89.42	1,005.23
研发费用	91.54	333.62
财务费用	87.78	355.88
加：其他收益	145.61	505.87
投资收益	38.48	189.73
二、营业利润	481.91	1,856.78
加：营业外收入	29.43	669.85
减：营业外支出	77.10	344.86
三、利润总额	434.24	2,181.77
减：所得税费用	77.60	828.35
四、净利润	356.64	1,353.42

图 6-3　今年各月利润表

6.1.1 分析累计利润预算完成情况

设计一个模板，可以选择指定月份进行分析，如图 6-4 所示。

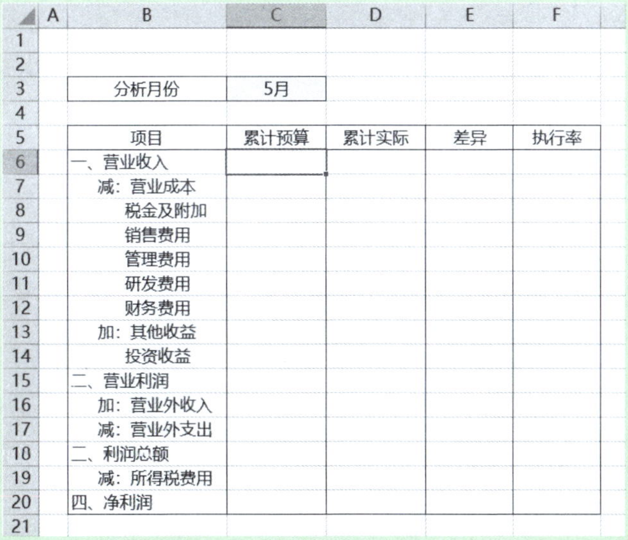

分析月份	5月

项目	累计预算	累计实际	差异	执行率
一、营业收入				
减：营业成本				
税金及附加				
销售费用				
管理费用				
研发费用				
财务费用				
加：其他收益				
投资收益				
二、营业利润				
加：营业外收入				
减：营业外支出				
二、利润总额				
减：所得税费用				
四、净利润				

图 6-4　累计利润完成情况模板

单元格 C3 指定要分析的月份，累计预算和累计实际值可以使用下面的公式从预算表和实际表中进行计算。

单元格 C6，累计预算值：

=SUM(OFFSET(今年预计利润表 !B2,,,1,MATCH($C$3, 今年预计利润表 !$B$1:

$N$1,0)))

单元格 D6,累计实际值:

=VLOOKUP(B6,INDIRECT($C$3&"!A:C"),3,0)

单元格 E6,差异值:

=D6–C6

单元格 F6,执行率:

=IfERROR(D6/C6,"")

这些公式并不复杂,核心函数是使用 OFFSET 函数引用动态区域进行求和,使用 INDIRECT 函数间接引用指定的工作表。

再对差异值和执行率单元格设置自定义数字格式,以醒目标识超预算或预算内情况。

其中,差异值单元格的自定义数字格式代码为:

[红色] ▲ #,##0;[蓝色] ▼ #,##0;–

执行率单元格的自定义数字格式代码为:

[红色][>=1] ▲ 0.0%;[蓝色][<1] ▼ 0.0%;–

计算结果如图 6-5 所示。

	A	B	C	D	E	F
1						
2						
3		分析月份	5月			
4						
5		项目	累计预算	累计实际	差异	执行率
6		一、营业收入	13,019	14,766	▲1,748	▲113.4%
7		减:营业成本	8,842	9,980	▲1,138	▲112.9%
8		税金及附加	569	992	▲423	▲174.3%
9		销售费用	664	938	▲274	▲141.2%
10		管理费用	620	1,005	▲386	▲162.2%
11		研发费用	426	334	▼92	▼78.3%
12		财务费用	88	356	▲268	▲403.2%
13		加:其他收益	377	506	▲129	▲134.1%
14		投资收益	203	190	▼13	▼93.7%
15		二、营业利润	2,389	1,857	▼532	▼77.7%
16		加:营业外收入	670	670	▼0	▼100.0%
17		减:营业外支出	285	345	▲60	▲121.0%
18		三、利润总额	2,774	2,182	▼592	▼78.6%
19		减:所得税费用	648	828	▲180	▲127.8%
20		四、净利润	2,126	1,353	▼773	▼63.7%
21						

图 6-5 累计利润完成情况分析

尽管这个计算表已经能够让我们一眼看出哪些项目超预算,哪些项目在预算内,但作为数据分析报告来说,仍然是不够的,因为这个表并没有把我们想要了解的信息一目了然地表达出来。因此,我们必须对这个表格的信息进行可视化处理,以找出哪些因素对净利润的完成情况造成了很大的影响。我们可以使用资金流动图（桥图、瀑布图）来表达可视化。

在 H 列和 I 列设计辅助区域，如图 6-6 所示，引用计算表格的预算净利润和实际净利润，以及差异值，这里要注意，引用差异值时，收入类的以正向引用（实际－预算），成本费用支出类的以反向引用（预算－实际），因为收入类的超预算对净利润是正向影响，成本费用支出类的超预算对净利润是反向影响。

项目	累计预算	累计实际	差异	执行率	项目	金额
一、营业收入	13,019	14,766	▲1,748	▲113.4%	预算净利润	2,126
减：营业成本	8,842	9,980	▲1,138	▲112.9%	营业收入	1,748
税金及附加	569	992	▲423	▲174.3%	营业成本	-1,138
销售费用	664	938	▲274	▲141.2%	税金及附加	-423
管理费用	620	1,005	▲386	▲162.2%	销售费用	-274
研发费用	426	334	▼92	▼78.3%	管理费用	-386
财务费用	88	356	▲268	▲403.2%	研发费用	92
加：其他收益	377	506	▲129	▲134.1%	财务费用	-268
投资收益	203	190	▼13	▼93.7%	其他收益	129
二、营业利润	2,389	1,857	▼532	▼77.7%	投资收益	-13
加：营业外收入	670	670	▼0	▼100.0%	营业利润	-0
减：营业外支出	285	345	▲60	▲121.0%	营业外支出	-60
三、利润总额	2,774	2,182	▼592	▼78.6%	所得税费用	-180
减：所得税费用	648	828	▲180	▲127.8%	实际净利润	1,353
四、净利润	2,126	1,353	▼773	▼63.7%		

图 6-6　在 H 列和 I 列设计辅助区域

利用辅助区域数据绘制瀑布图，并进行适当美化，得到可以分析指定月份的累计利润预算完成情况，如图 6-7 所示。

从这个图表可以发现收入超额完成，超预算 1748 万元，但营业成本和税金及三大费用合计超预算 2488 万元，彻底地把超额收入全部吃掉了，导致净利润完成预算的 63.7%。因此，控制成本费用，是摆在经营者面前的重要任务之一了。

图 6-7　利用瀑布图分析利润影响因素

6.1.2 跟踪分析各月的预算完成情况

如果说，1—5月份累计净利润没有实现预计目标，是很糟糕的，这样说还是有点片面的，因为累计数毕竟是5个月的合计数，并没有反映各月的情况，也许是前4个月经营得很好，但5月份出现了突发情况导致收入和净利润下降，成本费用上升了呢？

因此，我们还需要对利润表的各个项目在各月的具体情况进行跟踪分析，了解各月预算和实际的差异。

设计辅助区域，使用列表框快速选择要分析的项目，如图6-8所示，数据源区域为B25:B39，单元格链接为B23。

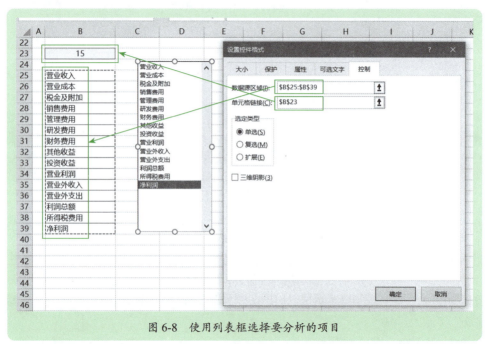

图6-8　使用列表框选择要分析的项目

再设计辅助区域E列和F列，查找指定项目各月的预算数和实际数，如图6-9所示，查找公式如下：

单元格E26：

=HLOOKUP(D26,今年预计利润表!$B$1:$M$16,$B$23+1,0)

单元格F26：

=IfERROR(INDEX(INDIRECT(D26&"!B2:B16"),$B$23),NA())

利用这个辅助区域绘制折线图，并进行适当美化，就得到可以查看指定项目各月预算执行情况的跟踪分析图，如图6-10所示。

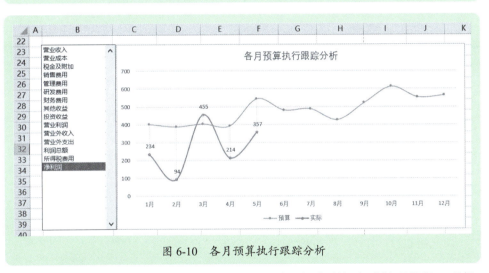

图 6-9 设计辅助区域，查找各月的预算数和实际数

图 6-10 各月预算执行跟踪分析

可以看出，除 3 月份勉强完成预算外，其他月份净利润完成情况都很不理想，尤其是 2 月份完成得更差。那么，2 月份究竟发生了什么？是收入下降，还是成本费用上升了？或者投资失败了？

尽管我们可以在这个图表中选择每个项目进行查看，但毕竟还是一个一个看，不太方便，此时，我们需要把某个月份单独拎出来，分析该月究竟是哪些项目对净利润影响最大。

6.1.3 分析某个月的预算完成情况

设计辅助区域，使用列表框快速选择要分析的月份，如图 6-11 所示，数据源区域为 K25:K36，单元格链接为 K23。

图 6-11　快速选择要分析的月份

再设计辅助区域 N 列和 O 列，查找指定项目各月的预算数和实际数，如图 6-12 所示，查找公式如下：

单元格 O25，并复制到 O33、O34、O35：

=INDEX(今年预计利润表 !B16:M16,,K23)

单元格 O26：

=VLOOKUP("*"&N26&"*",INDIRECT($K$23&" 月 !A:B"),2,0)

−VLOOKUP("*"&N26&"*", 今年预计利润表 !$A:$M,$K$23+1,0)

单元格 O27，并复制到 O28～O32、O36、O37：

=VLOOKUP("*"&N27&"*", 今年预计利润表 !$A:$M,$K$23+1,0)

−VLOOKUP("*"&N27&"*",INDIRECT($K$23&" 月 !A:B"),2,0)

利用辅助区域 N 列和 O 列，绘制瀑布图，并适当美化和布局，得到可以分析指定月份利润影响因素的图表，如图 6-13 所示。

将 2 月份（图 6-13）与 4 月份（图 6-14）进行对比，你会发现什么信息？

如果把 4 月份和 5 月份（图 6-15）进行对比，你又会发现什么信息？

图6-12 设计辅助区域，查找数据，准备绘制瀑布图

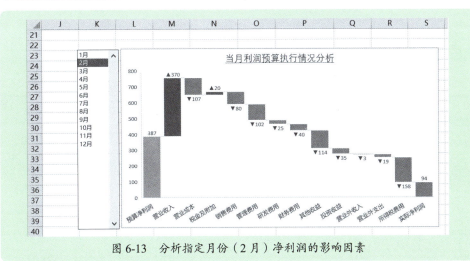

图6-13 分析指定月份（2月）净利润的影响因素

图6-14 分析指定月份（4月）净利润的影响因素

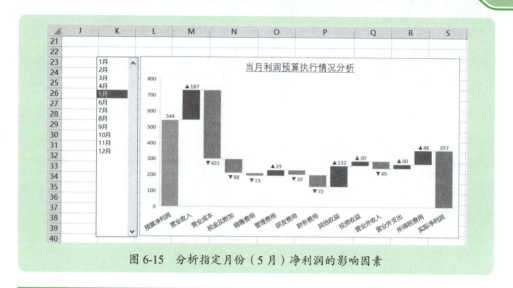

图 6-15　分析指定月份（5月）净利润的影响因素

6.1.4　分析某季度的预算完成情况

我们经常会分析某个季度的预算执行情况，这样比分析单个月份更有意义。设计季度预算执行情况分析表，如图 6-16 所示，相关单元格公式如下。

单元格 C6：

```
=SUM(
    VLOOKUP(B6,今年预计利润表!$A$2:$M$16,
    If($C$3="1 季度",{2,3,4},
    If($C$3="2 季度",{5,6,7},
    If($C$3="3 季度",{8,9,10},
    {11,12,13}))),0)
)
```

单元格 D6：

```
=If($C$3="1 季度",VLOOKUP(B6,INDIRECT("3 月 !A:C"),3,0),
 If($C$3="2 季度",VLOOKUP(B6,INDIRECT("6 月 !A:C"),3,0)
        –VLOOKUP(B6,INDIRECT("3 月 !A:C"),3,0),
 If($C$3="3 季度",VLOOKUP(B6,INDIRECT("9 月 !A:C"),3,0)
        –VLOOKUP(B6,INDIRECT("6 月 !A:C"),3,0),
 VLOOKUP(B6,INDIRECT("12 月 !A:C"),3,0)
        –VLOOKUP(B6,INDIRECT("9 月 !A:C"),3,0))))
```

计算某个季度的预算数公式，使用 VLOOKUP 函数的一种特殊用法，也就是使用数组来指定要取数据的几个列号，取出这几列的数据，再用 SUM 函数求和。

计算某个季度的当年数据公式，则采用了分别取出本季度和上一季度的数据，两者相减得到。

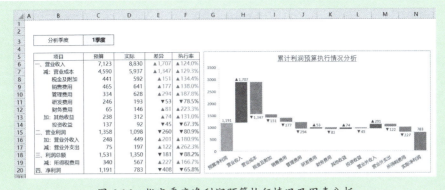

图6-16 指定季度净利润预算执行情况及因素分析

6.1.5 两年同比增长情况分析

前面介绍的是当年预算执行情况，工作中我们还需要将今年预算数、实际数和去年进行同比分析，以了解今年的预算是否合理，今年与去年相比增长或下降的原因在哪里，这就是财务经常要做的同比分析。

同比分析与预算分析的分析思路基本一样，将预算数改成去年数（从去年表的格中抓取数据），就能快速得到同比分析模板。

首先分析净利润两年增长情况及影响因素，如图6-17所示。

注意，这里要计算同比增减额和同比增长率，同比增长率的计算公式为：

=IfERROR(D6/C6−1,"")

同比增长率的自定义数字格式为：

[红色]▲0.0%;[蓝色]▼0.0%;-

图6-17 累计净利润两年增长情况及影响因素

再分析各月指定损益项目的两年对比，如图6-18所示，这里增加了一条今年的预算线，以将去年实际、今年预算、今年实际进行对比，能更加清楚地了解相关信息。

例如，今年各月预计净利润远低于去年各月数据，究竟是出于什么原因，造成了这样的预算结果？我们可以分别去查看各项目，将预算数和去年的数据进行对比。

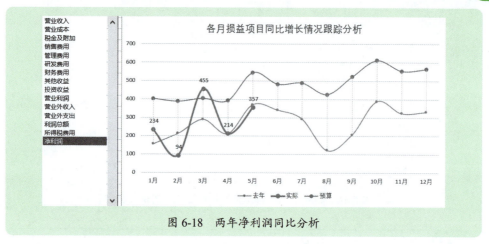

图 6-18 两年净利润同比分析

当发现某个月净利润同比出现剧烈波动时,可以查看某月的净利润同比增减因素,如图 6-19 所示。

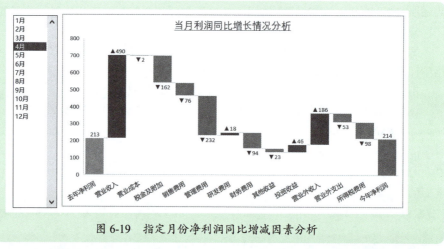

图 6-19 指定月份净利润同比增减因素分析

也可以按季度分析两年增长情况,这个分析报告与前面介绍的季度预算分析是一样的,只不过数据来源变成了去年的数据。图 6-20 是按季度的同比分析报告。

图 6-20 按季度的同比分析报告

6.1.6 损益项目结构分析

损益项目结构分析是指将利润表的各项目与营业收入进行比较，结果是各项目占营业收入的比例，也就是相应的比率指标，例如营业利润率、净利润率、营业成本率等，这些比率，不仅反映了收入都流向了什么地方，也可以通过观察它们在各月的变化，以及与去年的同比，了解经营情况及相应指标是否出现异常。

设计分析表格，如图 6-21 所示，用来查看指定项目在各月比率的去年数、预算数和实际数的比较，各单元格格式如下。

单元格 C5：

=HLOOKUP(B5, 去年实际利润表 !$B$1:$M$16,$G$4+2,0)
/HLOOKUP(B5, 去年实际利润表 !$B$1:$M$16,2,0)

单元格 D5：

=HLOOKUP(B5, 今年预计利润表 !$B$1:$M$16,$G$4+2,0)
/HLOOKUP(B5, 今年预计利润表 !$B$1:$M$16,2,0)

单元格 E5：

=IfERROR(INDEX(INDIRECT(B5&"!B3:B16"),$G$4)/INDIRECT(B5&"!B2"),–NA())

单元格 G4 保存列表框返回值，表示选中项目的顺序号，用来决定查找哪个项目数据，单元格区域 G5:G18 是项目名称，作为列表框的数据源。

月份	去年	预算	实际				
					9		
1月	15.0%	19.2%	12.2%		营业成本	营业成本	
2月	14.4%	21.7%	14.5%		税金及附加	税金及附加	
3月	18.8%	16.4%	11.0%		销售费用	销售费用	
4月	14.0%	10.3%	10.2%		管理费用	管理费用	
5月	22.7%	24.3%	14.9%		研发费用	研发费用	
6月	20.2%	21.4%	10.2%		财务费用	财务费用	
7月	16.2%	12.9%	#N/A		其他收益	其他收益	
8月	9.4%	15.6%	#N/A		投资收益	投资收益	
9月	14.1%	22.0%	#N/A		营业利润	营业利润	
10月	16.3%	15.5%	#N/A		营业外收入	营业外收入	
11月	9.7%	18.0%	#N/A		营业外支出	营业外支出	
12月	16.1%	23.8%	#N/A		利润总额	利润总额	
					所得税费用	所得税费用	
					净利润	净利润	

营业利润 占营业收入比例

图 6-21　设计辅助区域

利用辅助区域绘制折线图，并进行适当美化，得到各月指定项目占营业收入比率的分析图，如图 6-22 所示。

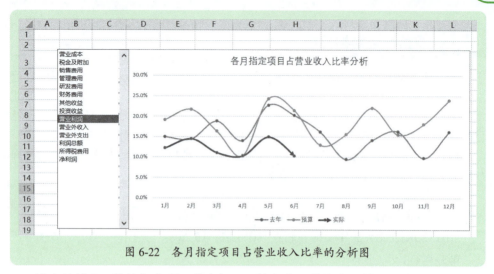

图 6-22 各月指定项目占营业收入比率的分析图

这个分析用于比较指定项目的去年、预算和实际的比率，每次只能看一个项目，因此我们还需要设计一个全部项目各月的比率报表，如图 6-23 所示，这样就可以先对各项目进行浏览，然后再单独分析某个项目。

图 6-23 全部项目各月占营业收入比率分析报表

1 月份单元格的计算公式如下。

单元格 C23：

=VLOOKUP($B23,去年实际利润表!$A:$M,MATCH(C$21,去年实际利润表!$A$1:$M$1,0),0)/HLOOKUP(C$21,去年实际利润表!$A$1:$M$2,2,0)

单元格 D23：

=VLOOKUP($B23,今年预计利润表!$A:$M,MATCH(C$21,今年预计利润表!$A$1:$M$1, 0),0)/HLOOKUP(C$21, 今年预计利润表!$A$1:$M$2,2,0)

单元格 E23：

=IfERROR(VLOOKUP($B23,INDIRECT(C$21&"!A:B"),2,0)/INDIRECT(C$21&"!B2"),"")

从这个表格中可以制作指定月份的项目比率比较图表，如图 6-24 所示，这里使用列表框快速选择月份，其返回值单元格是 H41，各单元格查找公式如下。

单元格 C41：

=VLOOKUP("*"&B41&"*",$B$23:$AL$37,MATCH($H$41&" 月 ",$B$21:$AL$21,0),0)

单元格 D41：

=VLOOKUP("*"&B41&"*",$B$23:$AL$37,MATCH($H$41&" 月 ",$B$21:$AL$21,0)+1,0)

单元格 E41：

=VLOOKUP("*"&B41&"*",$B$23:$AL$37,MATCH($H$41&" 月 ",$B$21: $AL$21,0)+2,0)

	A	B	C	D	E	F	G	H	I	J
38										
39										
40		项目	去年	预算	实际				1月	
41		营业成本	75.6%	81.2%	62.0%			4	2月	
42		税金及附加	3.0%	1.6%	8.4%			1月	3月	
43		销售费用	4.4%	3.3%	6.4%			2月	4月	
44		管理费用	2.5%	5.5%	10.6%			3月	5月	
45		研发费用	3.0%	4.2%	1.8%			4月	6月	
46		财务费用	1.3%	0.4%	4.5%			5月	7月	
47		其他收益	3.2%	4.4%	1.8%			6月	8月	
48		投资收益	0.6%	2.0%	2.2%			7月	9月	
49		营业利润	14.0%	10.3%	10.2%			8月	10月	
50		营业外收入	0.3%	12.0%	7.1%			9月	11月	
51		营业外支出	0.8%	3.6%	2.6%			10月	12月	
52		利润总额	13.5%	18.7%	14.7%			11月		
53		所得税费用	3.9%	5.0%	6.8%			12月		
54		净利润	9.6%	13.7%	7.9%					
55										

图 6-24 项目比率分析报表

如果利用表格数据绘制默认的图表，其效果并不理想，如图 6-25 所示，因为营业成本占比太大，导致其他项目的数据很小，无法看清楚。

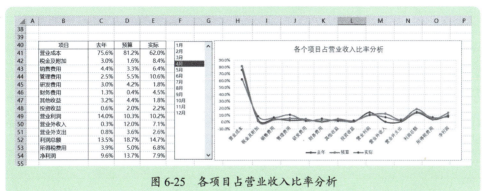

图 6-25 各项目占营业收入比率分析

此时，我们可以设计一个复选框，来决定是否显示营业成本数据，复选框返回值的单元格为 K42，如图 6-26 所示。

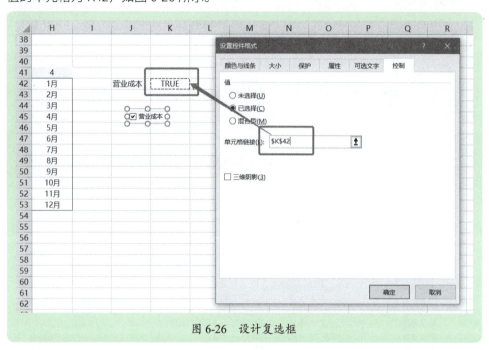

图 6-26 设计复选框

再设计辅助区域，如图 6-27 所示，其中营业成本的数据根据复选框来判断，例如单元格 M41 的公式为：

=IF($K$42=TRUE,C41,NA())

其他项目数据直接引用原始表即可。

图 6-27 设计辅助区域

然后将图表的数据源改成辅助区域，得到如图 6-28 所示的图表。

图 6-28　各项目占营业收入比率分析

6.1.7　单项分析

利润表是一个信息高度综合、高度浓缩的报表，每一个项目都值得去深入挖掘和分析。例如，对收入的产品结构进行分析，对期间费用的结构分析，等等。

图 6-29 是一个分析营业收入的例子，其模拟了一个简单的示例，并以当前月份累计数进行分析，假设有 4 个产品，并已计算出它们的预算与实际差异、今年与去年的差异。

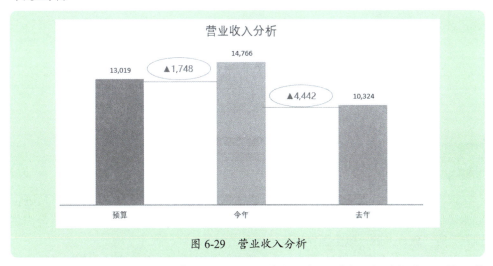

图 6-29　营业收入分析

图 6-30 和图 6-31 是期间费用预算与实际执行分析，重点了解销售费用、管理费用、研发费用和财务费用的预算执行情况。

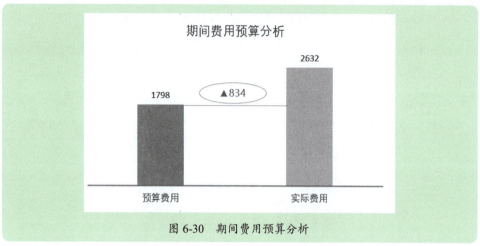

图 6-30　期间费用预算分析

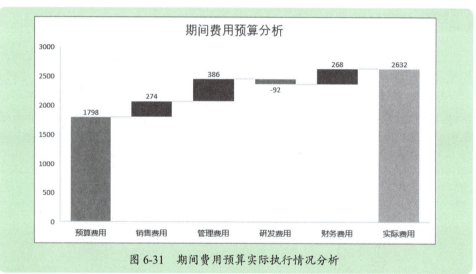

图 6-31　期间费用预算实际执行情况分析

6.2　资产与负债分析

在三大报表中，资产负债表是最应该重点分析的，因为资产负债表才是反映企业是否健康的最核心报表。资产是否足够？负债是否正常？应收账款和存货是否合理？等等，就像人的一张全面体检表一样。

图 6-32 是一个简版的各季度资产负债表，下面就资产负债表的主要项目进行可视化分析，深度分析则需要去了解企业具体的经营活动了，例如应收账款分析、存货分析、现金流分析、票据分析，等等。

图 6-32　各季度资产负债表

6.2.1 资产变化及结构分析

资产由流动资产和非流动资产构成，首先分析各季度总资产及流动资产和非流动资产结构变化。设计如图 6-33 所示的分析表格，并绘制堆积柱形图。单元格 C4 的公式如下：

=VLOOKUP($B4&"*",INDIRECT(C$3&"!A:B"),2,0)

图 6-33　总资产及结构分析

可以看出，4 季度总资产比 1 季度总资产增长了 16 亿元，主要是流动资产增加所致。那么，流动资产增加是哪个项目增加引起的？我们可以再分析流动资产及在各季度的结构，如图 6-34 所示。

单元格 I4 公式为：

=VLOOKUP($H4,INDIRECT(I$3&"!A:B"),2,0)

在流动资产中，货币资金占较大比例，应收账款、应收票据和存货，它们各自的比例并不是很大，变化也不是很大，但是货币资金在四季度却大幅增加，这是因为该公司在四季度通过资本市场非公开发行普通股，筹集了 12 亿元。

图 6-34　各季度流动资产及结构分析（标识主要项）

流动资产内部结构的变化也是需要关注的信息之一，如图 6-35 所示，就三季度和四季度来说，存货、应收账款和应收票据的占比在下降，货币资金占比增加（占全部流动资产的 56.1%），因为公司通过筹资获得了大量资金。

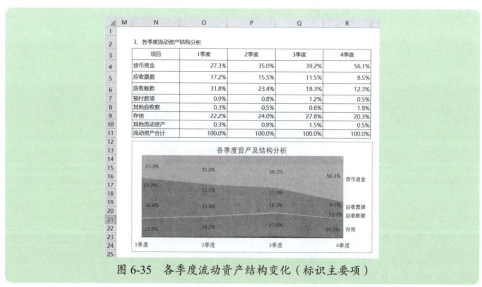

图 6-35　各季度流动资产结构变化（标识主要项）

非流动资产的分析，也可以采用类似的方法，先用可视化图表展示历年的总量变化及主要项目的变化，以及内部结构的变化，以便用户能立刻发现某些异常变化的项目。

6.2.2 负债变化及结构分析

负债分析与资产分析基本相同，首先分析负债的总体变化和结构，然后再重点分析流动负债的变化和结构，如图 6-36 和图 6-37 所示，仍然使用 VLOOKUP 函数和 INDIRECT 函数从各工作表查询数据。

图 6-36　各季度流动负债及非流动负债

图 6-37　各季度流动负债结构

在公司的负债中，流动负债占据很大比例，高达 70% ~ 80%，而流动负债中，应付票据和应付账款占流动负债的比例达 50%～80%，在三季度和四季度更是达到了 80% 左右。

6.2.3 分析应收项目与应付项目的关联与变化

资产负债表中的应收项目（重点是应收账款和应收票据）与应付项目（应付账款和应付票据），反映了资金的一进一出，将这两个大项进行分析，比较它们的大小关系和趋势变化，是很有意义的。

如图 6-38 所示，设计分析报表，公式分别如下：

单元格 C3：

=VLOOKUP($B3,INDIRECT(C$2&"!A:B"),2,0)

单元格 C5：

=VLOOKUP($B5,INDIRECT(C$2&"!C:D"),2,0)

其他单元格以此复制即可。

图 6-38　应收项目与应付项目对比和趋势分析

图 6-38 所示的对比分析图表的特点是：应收账款和应收票据堆积起来是一个柱形，应付账款和应付票据堆积起来也是一个柱形，通过两个柱形的整体高度，可以看出应收项目合计和应付项目合计，比较它们在各季度的大小变化；每个柱形内部又可以看出应收账款和应收票据占应收合计的比例，以及应付账款和应付票据占应收合计的比例，这样可以清晰看出企业的资金回收和资金支付情况变化，例如，上半年和下半年就有着比较明显的区别：应收在下降，应付在上升，那么，下半年的这种变化，是好还是坏？这需要结合企业具体经营情况进行分析。这个图表绘制稍微复杂，需要设计如图 6-39 所示的辅助区域，并绘制堆积柱形图。辅助区域的单元格公式如下：

单元格 K4：

=VLOOKUP(K$2,$B$2:$F$6,MATCH($I3,$B$2:$F$2,0),0)

单元格 M5：

=VLOOKUP(M$2,$B$2:$F$6,MATCH($I3,$B$2:$F$2,0),0)

其他单元格公式以此复制得到。

图 6-39　设计绘图数据辅助区域

6.2.4 应收账款与存货的对比与变化分析

通过比较应收账款和存货的关系，也可以看出一些问题，例如，应收账款增速是否高于存货增速，反过来，存货增速是否高于应收账款增速？如果跟利润表的营业收入结合起来，就更能说明问题。

如图 6-40 所示，设计分析表格，单元格 B3 公式为：

=VLOOKUP($B3,INDIRECT(C$2&"!A:B"),2,0)

然后绘制普通的折线图，进行适当美化，得到分析图表。

图 6-40　应收账款与存货的对比与变化分析

6.2.5 重点项目的比率分析

此外，我们还可以对一些重点项目的（比率）占比进行分析，例如在流动资产中、货币资金、应收账款、应收票据、存货占流动资产的比率，在流动负债中，应付账款、应付票据占流动资产的比率，流动资产与流动负债的比率，资产负债率，等等。

1. 资产与负债总体比率分析

设计如图 6-41 所示的资产与负债及比率分析报表，并绘制柱形图，要注意把比率设置为次坐标轴，然后隐藏次坐标轴。

单元格 C4 公式：

=VLOOKUP($B4,INDIRECT(C$22&"!A:B"),2,0)

单元格 C5 公式：

=VLOOKUP($B5,INDIRECT(C$22&"!C:D"),2,0)

单元格 C6 公式：

=C5/C4

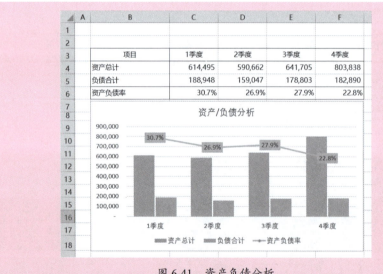

图 6-41　资产负债分析

2. 流动资产与流动负债比率分析

设计如图 6-42 所示的流动资产与流动负债比率分析报表，并绘制柱形图，要注意把比率设置为次坐标轴，然后隐藏次坐标轴。

单元格 C23 公式：

=VLOOKUP($B23,INDIRECT(C$22&"!A:B"),2,0)

单元格 C24 公式：

=VLOOKUP($B24,INDIRECT(C$22&"!C:D"),2,0)

单元格 C25 公式：

=C23/C24

从图 6-42 中可以看出，企业支付货款和票据的能力应该是不错的，因为从理论上来说，可以从应收账款和应收票据中转现，但事实如此吗？此时，我们需要在流动资产内部做比率分析。

图 6-42　流动资产与流动负债比率分析

3. 流动资产内部比率分析

将流动资产的几个重要项目（货币资金、应收票据、应收账款、存货）进行分析，计算它们占流动资产的比例，如图 6-43 所示，单元格 J3 公式如下，其他单元格公式复制即可：

=VLOOKUP($I3,INDIRECT(J$2&"!A:B"),2,0)

图 6-43　流动资产内部比率分析

对比分析货币资金、应收账款、应收票据，可以看出，1 季度大部分钱压在了应收账款上，从 2 季度开始，应收账款比例下降，应收票据占比也下降，而货币资金比例上升，但 4 季度是一个特殊的情况，因为 4 季度筹资了 12 亿元，使得货币资金占据了流动资产的 50% 以上。

4. 流动负债内部比率分析

将流动负债的几个重要项目（应付票据、应付账款）进行分析，计算它们占流动资产的比例，并绘制堆积图，如图 6-44 所示，单元格 J19 公式如下，其他单元格公式复制即可：

=VLOOKUP($I19,INDIRECT(J$2&"!C:D"),2,0)

从图 6-44 中的分析报表和图表，可以看出流动负债主要集中在应付票据和应付账款，合计占流动负债的 60%～80%，而应付账款从 3 季度开始，占流动负债的比例达 40% 以上。

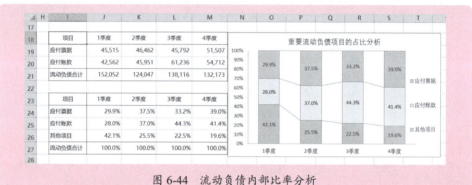

图 6-44 流动负债内部比率分析

应收项目和应付项目是否协调匹配，就要分析销售和采购的关系了，也就是分析应收项目与应付项目的大小对比。

5. 应收项目与应付项目比率分析

在资产负债表中，应收项目和应付项目是重要内容之一，前者是销售收现，后者是购买付现，因此我们需要了解它们之间是否协调合理。

设计分析报表，并绘制分析图表，如图 6-45 所示，计算公式如下。

单元格 J31：

=VLOOKUP(" 应收票据 ",INDIRECT(J$2&"!A:B"),2,0)
+VLOOKUP(" 应收账款 ",INDIRECT(J$2&"!A:B"),2,0)

单元格 J32：

=VLOOKUP(" 应付票据 ",INDIRECT(J$2&"!C:D"),2,0)
+VLOOKUP(" 应付账款 ",INDIRECT(J$2&"!C:D"),2,0)

单元格 J33：

=J31/J32

通过报告可以看出，企业下半年的销售收现速度开始低于购买付现速度，可能是企业下半年支付能力出现了问题，也可能是企业上半年赊销多，下半年赊销少，还可能是上半年应收账款在下半年回收，具体原因需要做具体分析。

图 6-45　应收项目与应付项目比率分析

6.3 现金流量分析

现金为王,这是财务人员人人都明白的一个道理。现金流量表分析就是这样的一个报表,它能提供资金的来源,资金的去向,以及可用的资金。

在进行现金流量表分析时,应重点关注经营活动现金流量。

图 6-46 是某公司 2018—2021 年的现金流量表示例。

	A	B	C	D	E
1	项目	2018年度	2019年度	2020年度	2021年度
2	一、经营活动产生的现金流量:				
3	销售商品、提供劳务收到的现金	336,984	346,792	384,926	381,387
4	收到的税费返还	940	951	859	3,232
5	收到其他与经营活动有关的现金	4,632	4,301	5,161	15,269
6	其中:其他业务收入	78	383	237	479
7	其他收益	2,576	1,654	3,659	3,373
8	受限制的银行存款和其他货币资金				10,345
9	营业外收入	17	12		
10	利息收入	661	903		
11	往来款及其他	1,300	1,349	1,265	1,072
12	经营活动现金流入小计	342,557	352,044	390,945	399,889
13	购买商品、接受劳务支付的现金	181,576	175,149	170,454	225,674
14	支付给职工及为职工支付的现金	37,732	41,811	42,097	50,192
15	支付的各项税费	36,280	37,680	27,026	23,032
16	支付其他与经营活动有关的现金	20,866	24,219	26,768	31,885
17	其中:销售费用	8,781	10,535	12,620	15,045
18	管理费用	7,531	8,178	9,696	10,229
19	研发费用	3,356	3,393	1,723	2,862
20	财务费用	72	69	77	82
21	营业外支出	163	380	649	640
22	受限制的银行存款和其他货币资金	822	781	-	1,431
23	往来款及其他	142	884	2,003	1,596
24	经营活动现金流出小计	276,454	278,860	266,345	330,784
25	经营活动产生的现金流量净额	66,103	73,184	124,600	69,105
26	二、投资活动产生的现金流量:				
27	收回投资收到的现金	958	600	4	5,710
28	取得投资收益收到的现金	5,419	5,620	3,812	
29	处置固定资产、无形资产和其他长期资产收回的现金净额	566	326	286	2,724
30	投资活动现金流入小计	6,942	6,546	4,103	8,434
31	购建固定资产、无形资产和其他长期资产支付的现金	11,755	9,034	20,159	14,408

图 6-46　近 4 年现金流量表

6.3.1 现金流量变化跟踪分析

设计一个对经营活动现金流入、现金流出和净额的分析报告，如图 6-47 所示，上箭头表示现金流入，下箭头表示现金流出，这个分析图表可以清晰地看到现金流入和流出的情况，以及现金流的金额。

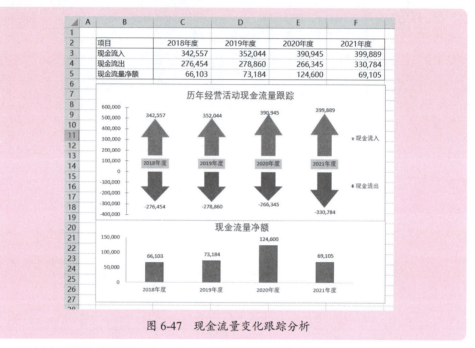

图 6-47 现金流量变化跟踪分析

现金流量跟踪分析图（上下箭头图）需要设计辅助区域，绘制堆积柱形图，如图 6-48 所示。这个图表的具体制作过程不再赘述。

	A	B	C	D	E	F
1						
2		项目	2018年度	2019年度	2020年度	2021年度
3		现金流入	342,557	352,044	390,945	399,889
4		现金流出	276,454	278,860	266,345	330,784
5		现金流量净额	66,103	73,184	124,600	69,105
6						
7						
8			2018年度	2019年度	2020年度	2021年度
9		现金流入	342,557	352,044	390,945	399,889
10		显示年份	150,000	150,000	150,000	150,000
11		现金流出	-276,454	-278,860	-266,345	-330,784
12						

图 6-48 绘图数据辅助区域

6.3.2 现金流入与流出项目变化跟踪分析

分析现金流入和流出的各项目构成及历年变化，如图 6-49 和图 6-50 所示，对原始数据绘制普通的堆积柱形图进行分析即可。

通过分析图 6-49、图 6-50 中的图表，可以一目了然地了解现金流入和流出的各项目的构成及变化趋势。

图 6-49　历年经营活动现金流入构成及变化

图 6-50　历年经营活动现金流出构成及变化

6.3.3　其他现金流入与流出项目变化跟踪分析

其他现金流入与流出项目隐藏着很多重要信息，因此也需要对这些项目进行分析，如图 6-51 和图 6-52 所示，分别展示了其他现金流入和其他现金流出的结构及变化。

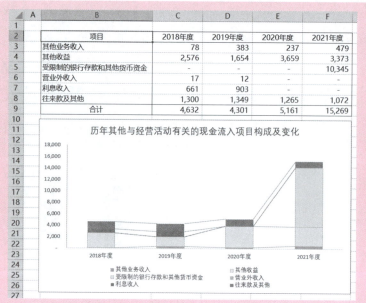

图 6-51　历年与经营活动有关的其他现金流入项目结构及变化

图 6-52　历年与经营活动有关的其他现金流出项目结构及变化

6.3.4　现金流量净额跟踪分析

　　如果希望了解经营活动、筹资活动和投资活动的现金流量净额，可以绘制简单的柱形图，如图 6-53 所示。分析时要注意将三个图表坐标轴的最小刻度和最大刻度设为一致，这样三个图表才有可比较性。

图 6-53　现金流量净额跟踪分析

6.4　三大报表关联分析

将利润表、资产负债表和现金流量表的相关项目关联在一起进行分析，更有意义，例如，将主营业务收入与应收账款、销售商品现金流量进行比较，将主营业务成本与存货、购买商品进行比较，将一些财务指标放在一起进行比较，等等。

6.4.1　收入与现金的对比分析

图 6-54 是一个简单示例，是将主营业务收入与应收账款、应收票据、销售商品现金流量进行比较的图表，实际数据可以从相关报表中提取，这里仅仅是模拟数据。

图 6-54　收入与现金的对比分析

绘制这个图表需要设计辅助区域，如图 6-55 所示。可以设计公式快速提取数据，公式如下：

单元格 K3：

=VLOOKUP(K$2,$B$3:$F$6,MATCH($I3,$B$2:$F$2,0),0)

单元格 L4：

=VLOOKUP(L$2,$B$3:$F$6,MATCH($I3,$B$2:$F$2,0),0)

单元格 M4：

=VLOOKUP(M$2,$B$3:$F$6,MATCH($I3,$B$2:$F$2,0),0)

单元格 N5：

=VLOOKUP(N$2,$B$3:$F$6,MATCH($I3,$B$2:$F$2,0),0)

	H	I	J	K	L	M	N
1							
2		季度	项目	营业收入	应收账款	应收票据	销售商品收到现金
3		1季度	营业收入	181,009			
4			应收账款+应收票据		94,874	74,321	
5			销售商品收到现金				236,984
6							
7		2季度	营业收入	166,347			
8			应收账款+应收票据		128,343	91,883	
9			销售商品收到现金				146,792
10							
11		3季度	营业收入	131,333			
12			应收账款+应收票据		71,107	65,519	
13			销售商品收到现金				91,589
14							
15		4季度	营业收入	172,503			
16			应收账款+应收票据		121,266	85,561	
17			销售商品收到现金				87,347
18							
19							

图 6-55　辅助区域

6.4.2　支出与现金的对比分析

图 6-56 是将营业成本与应付账款、应付票据、购买商品现金流量进行比较的图表，实际数据可以从相关报表中提取，这里仅仅是模拟数据。

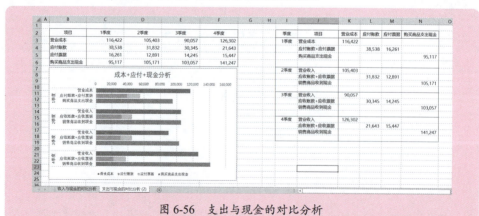

图 6-56　支出与现金的对比分析

6.4.3 收入、应收和存货的对比分析

将营业收入、应收账款、应收票据和存货进行对比分析，也可以了解一些重要信息，图 6-57 就是一个这样的示例。

图 6-57 收入、应收和存货的对比分析

6.4.4 财务指标预警

将三大报表的相关数据进行计算，摘取一些关键指标，与行业平均水平或者本公司预算数据进行对比，绘制雷达图，就可以观察这些指标在行业的水平，或者预算达成情况。图 6-58 就是某公司主要财务指标与预算指标的雷达预警图。

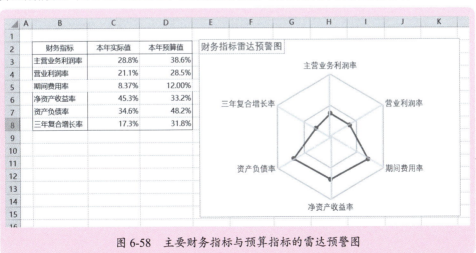

图 6-58 主要财务指标与预算指标的雷达预警图

雷达图分成两个圈，内圈是预警区，外圈是向好区，如果指标坐落在内圈，说明指标向坏；如果指标坐落在外圈，说明指标向好。

雷达图的绘制很简单，但需要对本年指标与预算指标进行计算，得到比值，如果是正向指标，就用实际数除以预算数，如果是反向指标，就用预算数除以实际数，然后再用这个比值绘制雷达图即可。

第 7 章

财务分析建模：综合应用案例

在第 1 章中，我们以一个门店销售的例子，来介绍数据合并及建模，本章继续以此为例，介绍数据合并及建模的主要步骤和技能技巧。

7.1 以 Excel 为工具的数据分析建模

以 Excel 为工具进行数据分析建模的基本步骤是：先使用函数对各月数据进行连接汇总，再根据需要设计各种分析报告，并制作动态分析图表。

7.1.1 各门店的累计销售排名分析

首先设计如图 7-1 所示的合并表，单元格 B2 和 B3 分别指定商品类别和分析指标，单元格的公式分别如下。

单元格 B6 公式如下，然后向下复制，得到各门店的累计数。

=SUM(C6:AG6)

单元格 C6 公式如下，向右向下复制，得到各门店每天的数据。

=IfERROR(VLOOKUP($A6,INDIRECT(C$5&"!A:I"),
MATCH($B$2,INDIRECT(C$5&"!A1:I1"),0)+If($B$3=" 销售额 ",0,1),0),"")

图 7-1　设计汇总表

以 B 列的累计数对各门店进行排名，并对排名前 5 的门店进行占比计算，如图 7-2 所示。单元格公式分别如下。

单元格 C31：

=LARGE($B$6:$B$26,A31)

单元格 B31：

=INDEX($A$6:$A$26,MATCH(C31,$B$6:$B$26,0))

单元格 F30：

=SUM(C31:C35)

单元格 F31：

=SUM(C31:C35)

=SUM(C31:C51)–F30

	A	B	C	D	E	F
29						
30	序号	门店	累计数		前5大门店	1,834,843
31	1	门店01	517,120		其他	1,379,441
32	2	门店02	430,181			
33	3	门店18	366,518			
34	4	门店05	306,370			
35	5	门店04	214,654			
36	6	门店20	197,590			
37	7	门店17	166,037			
38	8	门店07	161,704			
39	9	门店19	149,933			
40	10	门店10	126,935			
41	11	门店08	116,960			
42	12	门店09	91,115			
43	13	门店21	83,446			
44	14	门店06	77,849			
45	15	门店03	68,138			
46	16	门店15	62,760			
47	17	门店13	24,408			
48	18	门店12	20,528			
49	19	门店11	19,537			
50	20	门店14	6,900			
51	21	门店16	5,598			

图 7-2　排名分析辅助区域

以排名数据绘制条形图，以占比数据绘制饼图，分别进行适当美化，将两个图表组合起来，就得到各门店排名分析图表，如图 7-3 所示。

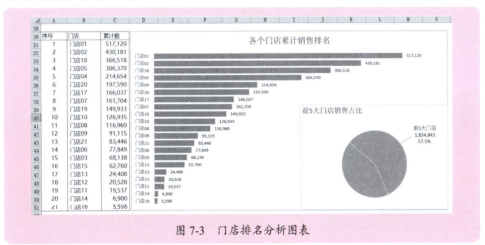

图 7-3　门店排名分析图表

7.1.2　指定门店的累计销售结构分析

我们可以使用一个模板，分析指定门店的每天销售及累计销售的结构分析，分析报表如图 7-4 所示，单元格 B2 指定门店，单元格 B3 指定分析指标，单元格 B6 公式如下，向右向下复制，就得到全部结果。

=IfERROR(VLOOKUP($B$2,INDIRECT($A6&"!A:I"),
MATCH(B$5,INDIRECT($A6&"!A1:I1"),0)+If($B$3=" 销售额 ",0,1),0),"")

图 7-4 指定门店每天销售汇总表

根据这个汇总表，可以设计一个分析指定日期的当天销售占比和截止到当前的累计销售占比分析报告，其效果如图 7-5 所示。

这个分析图表是绘制圆环图，然后在图表上插入一个文本框，通过公式链接在文本框中显示合计数。

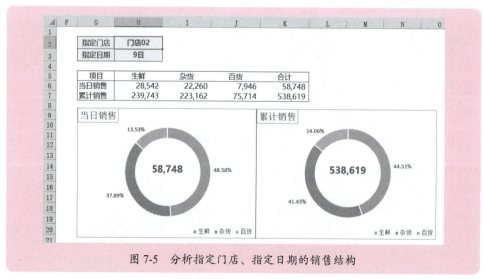

图 7-5 分析指定门店、指定日期的销售结构

单元格 H6 的公式如下：

=VLOOKUP($H$3,$A$5:$E37,MATCH(H5,$A$5:$E$5,0),0)

单元格 H7 的公式如下：

=SUM(OFFSET(B6,,,MATCH($H$3,$A$6:$A$37,0),1))

7.1.3 指定门店的日销售趋势分析

有了如图 7-4 所示的指定门店各日的销售数据，就可以绘制该门店每日销售趋势分析折线图，不过，在绘制折线图时，没有数据的单元格需要使用 #N/A 来代替，因此单元格的公式需要修改为：

=IfERROR(VLOOKUP($B$2,INDIRECT($A6&"!A:I"),
MATCH(B$5,INDIRECT($A6&"!A1:I1"),0)+If($B$3="销售额",0,1),0),NA())

然后对 B～E 列设置条件格式，将错误值显示为白色，如图 7-6 所示，这样表格中就看不到错误值了。

图 7-6　设置错误值显示为白色

以每日数据分别绘制各类别销售折线图和合计数折线图，如图 7-7 所示，就可以观察指定门店各日的销售趋势了。

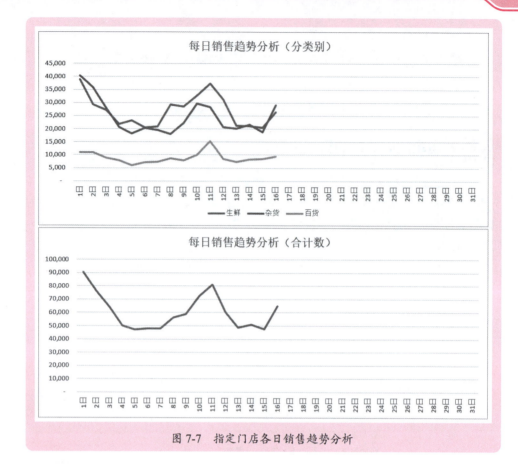

图 7-7 指定门店各日销售趋势分析

7.1.4 各门店各类别销售毛利率对比分析

毛利率的计算比较复杂,需要把所有日期的销售额和毛利进行合计,然后计算毛利率。我们可以做两个中间表格,分别汇总每个门店每天的销售额和毛利,然后再计算毛利率,不过,这样会进一步降低计算速度。

还有一个方法,先设计 31 个工作表,分别保存每天每个门店的销售数据,有数据就填写数据,没有数据就为空,然后使用 SUM 函数对这些工作表直接求和计算。

如图 7-8 所示,假设现在有 31 个日销售工作表,各工作表的结构完全一样,则累计销售毛利率计算公式如下。

单元格 B3:

=SUM('1 日:31 日'!C3)/SUM('1 日:31 日'!B3)

单元格 C3:

=SUM('1 日:31 日'!E3)/SUM('1 日:31 日'!D3)

单元格 D3:

=SUM('1日:31日'!G3)/SUM('1日:31日'!F3)

单元格E3：

=SUM('1日:31日'!I3)/SUM('1日:31日'!H3)

图7-8　各门店、各类别商品累计销售毛利率对比

7.2 以Power Query为工具的数据分析建模

以PowerQuery为工具的数据分析建模的基本步骤是：先使用Power Query做自动化数据合并，建立数据模型，然后再使用Power Pivot建立数据透视表和数据透视图，联合使用切片器进行数据分析。

7.2.1 构建数据合并模型

首先构建各日数据的合并模型，基本要求必须实现，当新增日销售工作表时，能自动添加到合并表中。

在当前工作簿中，插入一个工作表"分析报告"，后面所有的报告均保存在该工作表中，除此之外，没有其他不相干的工作表。

首先执行"数据"→"新建查询"→"从文件"→"从工作簿"命令，按照3.3.4节介绍的方法，建立查询，得到合并表，如图7-9所示。

将数据关闭并上载为仅连接，并添加到数据模型，如图7-10所示。

图 7-9 建立查询，合并每天数据表

图 7-10 数据设置

7.2.2 创建 Power Pivot

单击"Power Pivot"→"管理"命令按钮，如图 7-11 所示。

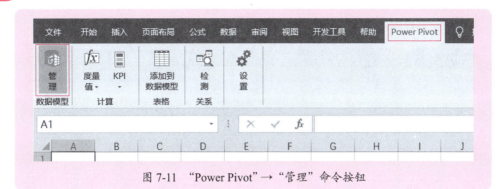

图 7-11 "Power Pivot"→"管理"命令按钮

打开"Power Pivot For Excel"界面,再单击"数据透视表"按钮,如图 7-12 所示。

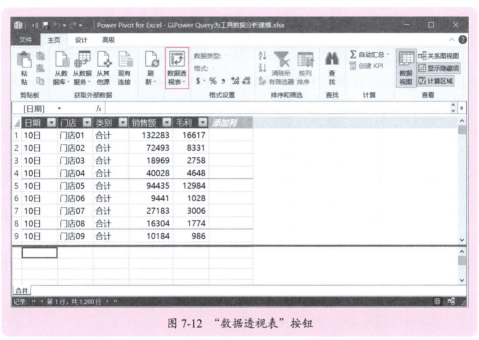

图 7-12 "数据透视表"按钮

打开"创建数据透视表"对话框,选择"现有工作表",指定保存位置,如图 7-13 所示。

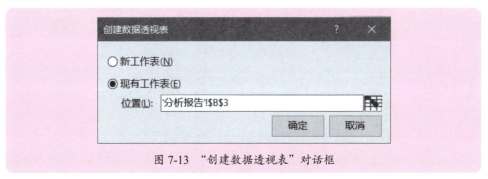

图 7-13 "创建数据透视表"对话框

这样，就在指定工作表上创建了一个数据透视表，如图 7-14 所示。

图 7-14　创建数据透视表

最后关闭"Power Pivot For Excel"界面。

7.2.3　设计分析报告

有了数据透视表，我们就可以根据需要，设计各种分析报告，例如，对门店销售进行排名分析，如图 7-15 所示；跟踪指定门店每天的销售情况，如图 7-16 所示。用户可以随意布局透视表，得到各种分析报告。

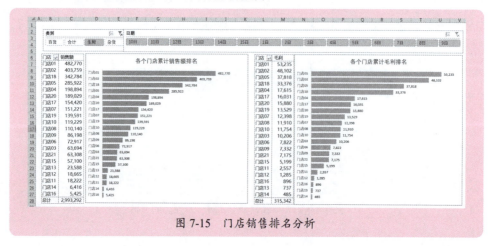

图 7-15　门店销售排名分析

图 7-16 指定门店、指定类别各日销售额和毛利趋势分析

7.3 以 Tableau 为工具的数据分析建模

前面讲过，无论是数据合并，还是数据可视化，Tableau 无疑是一款非常优秀的软件。本文就门店分析问题，对使用 Tableau 制作各种可视化分析报告做详细介绍。

7.3.1 建立数据连接，合并整理数据

启动 Tableau，建立数据连接，如图 7-17 所示。注意要勾选"已使用数据解释器清理"复选框，以便自动处理合并单元格。

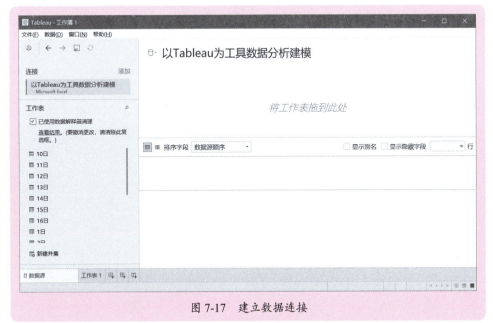

图 7-17 建立数据连接

将任意一个表格拖至工作表区域，检查标题是否规范，如图 7-18 所示。

图 7-18　检查表格数据是否规范

由于要合并当前工作簿内的所有工作表，因此双击连接边条底部的"新建并集"按钮，打开"并集"对话框，包括项使用默认，如图 7-19 所示。注意，在默认情况下，就是汇总所有的工作表（仔细阅读这里的"空白 = 包括全部"这句话）。

图 7-19　"并集"对话框

这样就得到了所有工作表的合并数据，如图 7-20 所示。

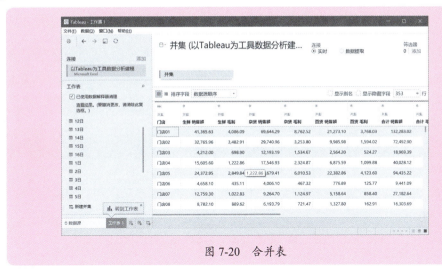

图 7-20 合并表

隐藏不必要的列，根据需要修改字段名称，设置字段数据类型，如图 7-21 所示。

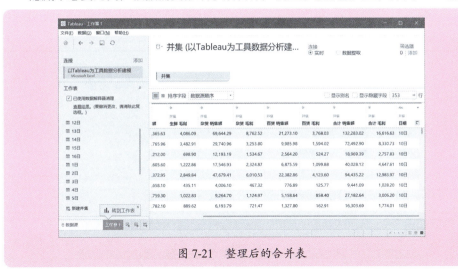

图 7-21 整理后的合并表

选择所有数字字段，右击，在弹出的快捷菜单中执行"转置"命令，如图 7-22 所示，得到如图 7-23 所示的表。

图 7-22 执行右键菜单的"转置"命令

图 7-23 转置后的表

选择"转置字段名称"字段,右击,在弹出的快捷菜单中执行"自定义拆分"命令,如图 7-24 所示,打开"自定义拆分"对话框,在"使用分隔符"框中输入一个空格,在"拆分"列表中选择"全部",如图 7-25 所示。

图 7-24 "自定义拆分"命令

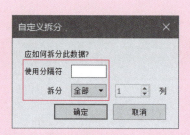

图 7-25 "自定义拆分列"对话框

得到如图 7-26 所示的表。

图 7-26 拆分列后的表

继续整理表格，隐藏不需要的列，修改列名，得到一个规范的合并表，如图 7-27 所示。

图 7-27　规范的合并表

7.3.2　制作可视化图表

Tableau 制作可视化图表非常简单，图 7-28～图 7-31 分别是门店销售额和毛利排名条形图，以及指定类别、指定门店在各天的销售额和毛利趋势分析。

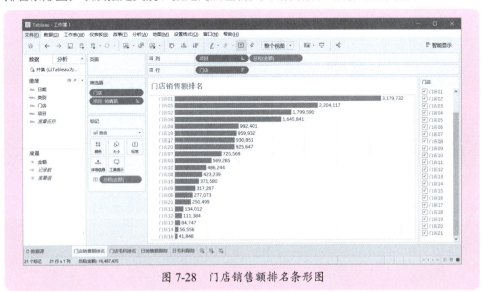

图 7-28　门店销售额排名条形图

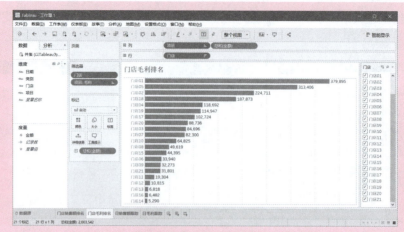

图 7-29　门店销售毛利排名条形图

图 7-30　指定门店、指定类别的日销售额变化趋势

图 7-31　指定门店、指定类别的日销售毛利变化趋势

我们可以快速制作各种分析图表，然后再创建仪表板，如图 7-32 所示。

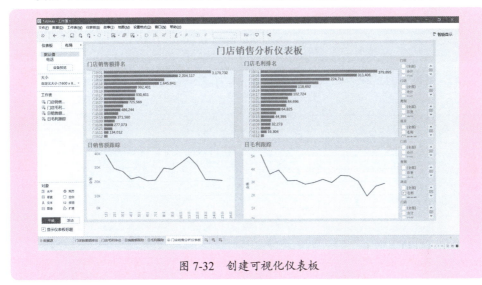

图 7-32　创建可视化仪表板

关于如何制作可视化图表，如何创建仪表板，以及如何利用 Tableau 的表计算工具做更加深入的计算分析，请参阅相关书籍，本书不再详述。

读书笔记